Huch, die Angst ist da!

Huch, die Angst ist da!

Ulrike Légé, Fabian Grolimund

Ulrike Légé
Fabian Grolimund

Huch, die Angst ist da!

Wie sich Kinder und Eltern mit ihrem Angstmonster aussöhnen können

Illustrationen von René Amthor

hogrefe

Ulrike Légé
ulrike.lege@gmail.com

Fabian Grolimund
Akademie für Lerncoaching
Albulastrasse 57
8048 Zürich
Schweiz
fabian.grolimund@gmail.com

Bibliografische Information der Deutschen Nationalbibliothek
Die Deutsche Nationalbibliothek verzeichnet diese Publikation in der Deutschen Nationalbibliografie; detaillierte bibliografische Daten sind im Internet über http://www.dnb.de abrufbar.

Verantwortliche Person in der EU: Hogrefe Verlag GmbH & Co. KG, Merkelstraße 3, 37085 Göttingen, info@hogrefe.deinfo@hogrefe.de

Anregungen und Zuschriften bitte an den Hersteller:
Hogrefe AG
Lektorat Psychologie
Länggass-Strasse 76
3012 Bern
Schweiz
Tel. +41 31 300 45 00
info@hogrefe.ch
www.hogrefe.ch

Lektorat: Dr. Susanne Lauri
Bearbeitung: Lydia Zeller, Zürich
Herstellung: René Tschirren
Umschlagabbildung: René Amthor, Hilden
Umschlaggestaltung: Claude Borer, Riehen
Illustration/Fotos (Innenteil): René Amthor, Hilden
Satz: punktgenau GmbH, Bühl
Druck und buchbinderische Verarbeitung: Finidr s. r. o., Český Těšín
Printed in Czech Republic
Auf säurefreiem Papier gedruckt

4. Nachdruck 2025 der 1. Auflage 2021

(E-Book-ISBN_PDF 978-3-456-96119-4)
(E-Book-ISBN_EPUB 978-3-456-76119-0)
ISBN 978-3-456-86119-7
https://doi.org/10.1024/86119-000

Inhalt

Kinder-Teil

Eltern-Teil

DANKE!

Liebe Noémie, dieses Buch ist für dich! Du hast uns durch deine mutigen und neugierigen Fragen auf eine Reise geschickt, auf der wir selbst viel gelernt haben.

Romain, Alex und Amélie, Maya, Gabriel und Iléa: Ein großes Dankeschön für all eure Unterstützung und die wertvollen Rückmeldungen.

Herr Dr. Dipl.-Psych. Hendrik Büch von der Albert-Ludwigs-Universität Freiburg hat sich als erster Kinder- und Jugendlichenpsychotherapeut dem Angstmonster gestellt und befunden, es könne gut in der Praxis zum Einsatz kommen. Wir danken ihm herzlich für seine konstruktive Kritik und seine sachkundigen Vorschläge!

Auch bei unseren ersten, furchtlosen Testlesern bedanken wir uns ganz herzlich! Mit eurem Feedback konnten wir den Kinder- und den Eltern-Teil besser auf die Ängste abstimmen, die uns alle wirklich beschäftigen, und klarer herausarbeiten, wie wir uns ihnen zuwenden und stellen können.

Danke, liebe

Alexandra mit Sarah und Lilli
Bettina mit Daniel und Sophie
Franziska mit Theresa und Leopold
Iva mit Danny
Katrin mit Tom
Marina mit Tristan und Miriam
Melanie mit Henry
Melani mit Linus, Magnus und Justus
Monika mit Juline

Unsere Empfehlung für Eltern

Liebe Eltern,
unser Buch ist in einen Kinder- und einen Eltern-Teil gegliedert. An erster Stelle steht der Kinder-Teil, und es ist sicher verlockend, gleich mit ihm einzusteigen und zu beginnen, ihn vorzulesen. Möglich ist das auch.

Die Kinder-Texte und die Übungen zur Angst klappen aber am besten, wenn Sie sich gemeinsam Zeit zum Gespräch nehmen. Es ist wahrscheinlich, dass Ihr Kind weitere Verständnisfragen zum Thema „Angst" an Sie hat. Oder dass es gern wissen möchte, ob es denn für all die Angstprobleme, die wir zu Anfang aufzeigen, später im Buch auch gute Lösungen gibt. So viel schon mal vorweg: Ja, die gibt es!

Daher empfehlen wir Ihnen, erst in Ruhe den Eltern-Teil zu lesen. Die Gespräche mit Ihrem Kind – und die sind aus unserer Sicht das Wichtigste, was dieses Buch auslösen kann! – gewinnen so nach unserer Erfahrung sehr an Verständnis und Tiefe. Sie bauen ein größeres Wissen und vielleicht auch eine klarere innere Haltung zu Ängsten auf und können damit besser auf die Fragen Ihres Kindes eingehen. Wenn Sie später mit Ihrem Kind ein bestimmtes Kapitel im Kinder-Teil ansehen, ist es oft hilfreich, den entsprechenden Teil für Eltern, auf den verwiesen wird, nochmal kurz durchzugehen.

Der Kinder-Teil wie auch die Eltern-Seiten sind so aufgebaut, dass sie gut wie ein ganz normales Buch von vorne nach hinten, Seite um Seite, durchgelesen werden können. Allerdings gibt es bei Ängsten oft ganz dringende Fragen und Themen. Dann „funktioniert" unser Buch auch, wenn Sie aussuchen, welche Seiten Ihr Kind und Sie besonders ansprechen, und in dem Buch hin und her springen.

Gleich werden Sie sehen, dass dieses Buch zum Mitmachen gestaltet ist und viele Seiten hat, auf denen Ihrem Kind und Ihnen Fragen gestellt werden. Manche Kinder finden es toll, ihre Antworten zu malen, von Ihnen aufschreiben zu lassen oder selber zu schreiben. Andere Kinder möchten das gar nicht oder nicht auf jeder Seite tun. Oder sie haben nicht sofort Antworten parat. Vielleicht mögen auch Sie selbst gar nicht so viel schreiben ...

Das ist in Ordnung. Wichtig sind am Ende die Gefühle und Gedanken, die das Buch auslöst und die dem Kind dabei helfen sollen, sich seinen Ängsten zuzuwenden. Wenn Ihr Kind lieber darüber reden möchte, als zu malen oder zu schreiben, oder sich lieber mehr Zeit nimmt, darüber nachzudenken, und später darauf zurückkommen möchte, ist das verständlich und normal.

Wir können uns der Angst nicht gut nähern mit dem inneren Druck „Jetzt müssen wir jeden Abend ein weiteres Kapitel durcharbeiten und alle Aufgaben so gut lösen, als wären es Hausaufgaben“. Vielleicht gar noch mit dem Gedanken, dass alle Bilder sauber und ordentlich gestaltet, alle Texte korrekt und schön geschrieben sein müssen ...

Davon dürfen Sie sich freimachen und es mit Ihrem Kind wirklich spielerisch, offen und kreativ angehen! Vielleicht bleiben ganze Seiten leer, vielleicht wird auf ihnen gekritzelt und ausradiert, vielleicht nehmen Sie Gespräche lieber auf, als sie niederzuschreiben. Es liegt schon ein Wert darin, Ihre Eindrücke und Einsichten irgendwie festzuhalten. Aber tun Sie das ruhig auf Ihre ganz eigene Weise, die sich für Sie und Ihr Kind leicht und offen anfühlt.

Ein aktives, reflektierendes Zuhören hilft Kindern besonders gut, ihre Ideen und Reaktionen für sich zu klären und in Worte zu fassen. Dabei geht man mit einer offenen, empathischen und akzeptierenden Grundhaltung in das Gespräch – ohne ein bestimmtes Ziel anzusteuern, von dem man möchte, dass es unser Gegenüber versteht und erreicht. Als Eltern können wir unser Kind so ermutigen, weiterzusprechen („Magst du mir mehr darüber erzählen?“), nachfragen, mit dem Ziel zu verstehen (“Meinst du damit, dass ...?“) und neutral widerspiegeln, was bei uns ankommt („Habe ich dich richtig verstanden, dass ...?“).

So, und nun geht es wirklich los mit der Angst! Wir wünschen Ihnen viele berührende und spannende Gespräche mit Ihrem Kind und mit sich selbst.

Herzlich,
Ulrike und Fabian

Kinder-Teil

HALLO!

Hast du manchmal Angst? Wir schon. Wir, das sind Ulrike und Fabian. Wir sind jetzt erwachsen und haben schon eigene Kinder. Als wir im Kindergarten und in der Schule waren, hatten wir oft Angst. Wovor, das siehst du auf diesen Bildern.

„Da draußen bewegt sich etwas! Was mache ich, wenn ein Vampir reinkommt?“

„Ich mag nicht im dunklen Wald sein, Nachtwanderungen mit den Pfadis sind so gruselig!“

Wir haben gemerkt: Die Angst kommt uns immer mal wieder besuchen, auch heute noch. Aber wenn wir unsere Angst kennenlernen, können wir viel besser mit ihr leben. Wir spüren, wann Angst uns warnt und helfen kann. Oder wann sie uns einengt, lähmt und wir ihr mutig entgegentreten sollten.

Damit du das auch kannst, haben wir dieses Buch geschrieben. Du erfährst, was dir dabei hilft, damit aus einem kleinen Angstgefühl kein großes Angstmonster wird.

Es ist ein Mitmachbuch. Du darfst hineinkritzeln, malen und selber schreiben oder einen Erwachsenen für dich schreiben lassen. Keine Angst, dafür ist dein Buch da!

Alle Seiten zum Mitmachen sind Vorschläge für dich. Du musst nicht – wie bei Hausaufgaben – jede einzelne Übung machen und sie genau so ausfüllen, wie wir das vorschlagen. Stattdessen darfst du die Fragen und Ideen so abwandeln, wie sie dir gefallen, oder auch mal einige ganz auslassen. Vielleicht brauchst du manchmal Zeit, um nachzudenken ... oder vielleicht magst du auch lieber mit deinen Eltern sprechen, als zu malen und zu schreiben – all das ist o.k.!

Herzlich,
Ulrike und Fabian

Was ist eigentlich Angst?

Angst ...

- hat jeder Mensch, Kinder ebenso wie Erwachsene, schwächere und zurückhaltende Menschen ebenso wie kräftige Draufgänger.
- fühlt sich für jede Person und bei jedem Angst-Moment ein bisschen anders an.
- bekommen wir, wenn wir uns von einem Lebewesen, einer Situation oder Sache bedroht fühlen.
- kann von einem kleinen zum riesengroßen Gefühl anwachsen.
- breitet sich wie eine Welle rasch in unserem ganzen Körper aus und ebbt dann wieder ab.
- macht, dass wir zeitweise kaum noch an etwas anderes denken können.

Jungen und Mädchen, Frauen und Männern – allen begegnet die Angst. Wirklich allen! Damit du siehst, was für Ängste andere Menschen haben und wie sie lernen, besser mit ihnen umzugehen, lernst du in diesem Buch die Familie Schlottermann kennen:

David Schlottermann ist ein furchtloser Fahrradfahrer. Aber er macht sich viele Gedanken und Sorgen darüber, ob andere Kinder ihn mögen und dabeihaben wollen. Er weiß nicht recht, wie er auf andere zugehen soll. Bei seinem besten Freund Eray würde er gerne mal übernachten, fragt sich aber, ob das gut geht.

Paulina Schlottermann, Davids ältere Schwester, liebt ihre Spinne, auch wenn andere sich vor ihr fürchten. Aber wenn sie in der Schule eine Prüfung schreiben oder einen Vortrag halten muss, würde sie am liebsten zu Hause bleiben.

Matthias Schlottermann ist Davids und Paulinas Vater. Er versucht seine Kinder zu ermutigen, wenn sie Angst haben, aber dabei stellt er sich nicht immer so geschickt an. Er selbst gruselt sich fürchterlich vor Spinnen.

Mathilde Schlottermann ist die Mutter von David und Paulina. Sie kümmert sich liebevoll um ihre Kinder, wenn ihnen etwas auf den Magen schlägt. Manchmal galoppieren ihr jedoch die eigenen Gedanken fort und sie macht sich große Sorgen um alles, was passieren könnte.

Eray ist Davids bester Freund. Leider fürchtet er sich sehr vor Hunden.

Sogar Sunny, der kleine, freundliche Familienhund der Schlottermanns, erscheint ihm wie ein zähnefletschendes, wildes Biest.

Die Angst selbst können wir nicht sehen, nur spüren. Damit wir uns besser mit ihr beschäftigen können, haben wir ihr in diesem Buch eine Gestalt gegeben: Sie erscheint als ein Angstmonster.

Es kann klein, freundlich und hilfreich sein.

Manchmal wächst es aber und wird richtig groß und bedrohlich.

In diesem Buch erfährst du, wie du mit deinem Angstmonster gut auskommen kannst.

Wie sieht deine Angst aus? Ist sie auch ein Monster?
Oder stellst du sie dir ganz anders vor?

Willst du sie einmal zeichnen?

Für Eltern: Lesen Sie hierzu im Eltern-Teil das Kapitel „Wir machen uns mit der Angst vertraut“

Was macht Angst in unserem Körper?

Angst kann sich an verschiedenen Stellen in unserem Körper zeigen

Kopf: fühlt sich schwindlig an oder schmerzt

Haut: fühlt sich klamm an, manchmal bricht Schweiß aus

Augen: weiten sich

Atem: geht rascher und flacher

Herz: schlägt schneller

Bauch: macht weh, wir müssen auf die Toilette

Arme und Beine: wacklig wie Pudding oder ganz angespannt

Überall: wir fühlen uns heiß oder kalt

In welcher Situation hattest du das letzte Mal Angst?

Wo hast du es in deinem Körper gespürt, als du das letzte Mal Angst hattest? Zeichne es ein. Vielleicht willst du das Kind mit Haaren und Kleidung so fertig zeichnen, dass es dir ähnlich sieht?

Wenn unsere Angst sich verkleidet

Manchmal versteckt sich die Angst hinter etwas anderem. Paulina und David Schlottermann ist sie bereits in den folgenden Verkleidungen begegnet:

... als Wut! David Schlottermann spürte, wie sich sein Bauch zusammenzog und ihm ganz heiß wurde, als die Kinderärztin ihm plötzlich sagte, dass sie ihm Blut abnehmen muss. Ganz laut schrie er: „Das machst du nicht! Lass mich!“ Als seine Mutter ihn am Arm festhielt, hat er sie sogar geschlagen. Danach wusste er gar nicht, was mit ihm los gewesen war. Manchmal, wenn uns plötzlich starke Angst überfällt und wir nicht fliehen können, versetzt uns unser Körper in eine Kampfstimmung.

... oder als Traurigkeit! Paulina sah das rote „Ungenügend“ unten auf der Mathe-Arbeit und merkte, wie ihre Beine weich wurden und ihr die Tränen in die Augen schossen. „Jetzt habe ich eine so schlechte Arbeit geschrieben! Die Lehrerin ist sicher total enttäuscht von mir!“ Als der Rest der Klasse bereits draußen war, nahm sie die Lehrerin aber zur Seite und sagte: „Paulina, ich weiß, dass du dir große Mühe gibst und viel auf diesen Test gelernt hast. Das finde ich toll. Wollen wir ihn heute Nachmittag nochmals zusammen anschauen?“

... oder als Bauchweh! Angst kann unseren Bauch genauso schlimm zusammenziehen wie ein verdorbenes Wurstbrötchen. Am Tag bevor Paulina ihren ersten Vortrag halten musste, fühlte sie sich richtig krank. Ihr Bauch grummelte und schmerzte, ihr Kopf fühlte sich an wie in Watte gepackt und ihre Hände waren kalt und klamm. Sie sagte: „Mama, mir geht es richtig schlecht – ich glaube, ich habe Fieber."

... oder als Eifersucht! Als Eray, Davids bester Freund, in der ganzen großen Pause Pokémon-Karten mit Luca und Nico austauschte, wurde David richtig eifersüchtig. Er warf den Jungs böse Blicke zu und ging Eray den ganzen Tag aus dem Weg. Er dachte: „Wenn du die und ihre blöden Karten lieber hast als mich, dann will ich mit dir auch nichts mehr zu tun haben." Zu Hause spürte er aber plötzlich, dass er Angst hatte, seinen Freund zu verlieren.

Ist dir so etwas auch schon passiert? Willst du deinen Eltern davon erzählen? Vielleicht magst du sie auch fragen, ob sich ihre Angst manchmal verkleidet? Und wie?

Sag mal, warum gibt es eigentlich Angst?

Vor langer Zeit lebten unsere Vorfahren als Höhlenmenschen in einer gefährlichen Welt. Überall lauerten Gefahren – lebensgefährliche Gefahren! Angst warnte unsere Vorfahren und half ihnen zu überleben. Ständig mussten sich die Höhlenmenschen fragen, ist dies …

… giftig?

… bedrohlich?

… oder gefährlich?

Angst drückte einen AN-Knopf in den Höhlenmenschen: Sie löste eine blitzschnelle Reaktion in ihrem Körper aus, die ihnen dabei half …

… zu fliehen,

… zu kämpfen

… oder sich totzustellen.

Außerdem hat das Angstgefühl unsere Vorfahren oft gewarnt und zum Nachdenken gebracht: „Ob man diese Beeren essen darf? Ob ich diesen breiten Fluss wirklich überqueren kann? Ich gehe lieber erst mal zur Höhle zurück und frage die Stammesältesten."

Ist Angst auch heute noch hilfreich für uns?

Ja, wenn wir in einer wirklich gefährlichen Situation schnell reagieren müssen: „Hier kommt ein großer Gewittersturm – ich muss schnell nach Hause laufen!“

Ja, wenn uns die Angst vor einer echten Gefahr in der Zukunft warnt: „Wenn ich heute nicht endlich mit Lernen anfange, schaffe ich die Prüfung nicht …“

Nein, wenn wir uns vor Dingen fürchten, die gar nicht gefährlich sind:

Nein, wenn wir uns sorgen über Dinge, die gar nicht stimmen, oder wenn wir übertreiben:

Für Eltern: Lesen Sie hierzu im Eltern-Teil das Kapitel „Wie Angst unsere Kinder schützt“

Welche Situationen, Menschen oder Dinge haben dir schon Angst gemacht?

Male oder schreibe alles auf, wovor du schon Angst hattest:

Markiere danach bei jedem Punkt: Diese Angst ...

... hat mir geholfen: IN GRÜN

... hat mir nicht geholfen: IN ROT

Weißt du auch, wovor sich deine Eltern fürchten?
Oder wovor sie sich als Kind gefürchtet haben?

Frage sie danach. Dann male oder schreibe auch das auf:

Markiere danach bei jedem Punkt: Diese Angst ...

... hat meinen Eltern geholfen: IN GRÜN

... hat meinen Eltern nicht geholfen: IN ROT

Wenn wir Angst haben, sieht die Welt plötzlich ganz anders aus

Wenn wir Angst haben ...

... sehen wir manchmal Dinge, die gar nicht da sind.

... oder stellen uns etwas viel größer, schrecklicher, schlimmer und bedrohlicher vor, als es in Wirklichkeit ist.

Für unseren Körper macht es keinen Unterschied, ob wir uns etwas Gefährliches nur vorstellen oder wirklich in Gefahr sind: Die Angst fühlt sich genau gleich an!

Was sind deine häufigsten Angstvorstellungen?

Monster oder Riesenspinnen – hast du dir so etwas Gruseliges auch schon mal vorgestellt? Hier kannst du es malen oder aufschreiben:

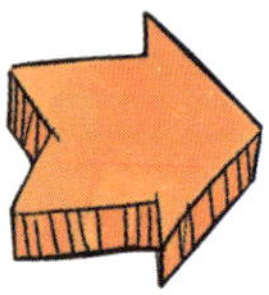

Für Eltern: Lesen Sie hierzu im Eltern-Teil das Kapitel „Wann werden Ängste zum Problem?“

Warum haben wir Angst, wenn es dunkel ist?

Unsere Vorfahren, die Höhlenmenschen, begegneten tagsüber vielen Gefahren. Nachts waren sie noch bedrohter, denn Menschen können im Dunkeln sehr schlecht sehen. Die großen Raubtiere wie Säbelzahntiger und Höhlenbären jagten in dieser Zeit.

Wer damals in der Nacht fröhlich alleine spazieren ging, blieb nicht lange am Leben. Wer hingegen bei der hellen Feuerstelle blieb, in der sicheren Höhle und bei seiner schützenden Familie, der hatte bessere Chancen zu überleben.

So lebten die Menschen, die sich vor der Dunkelheit fürchteten, länger. Sie bekamen mehr Kinder und gaben ihre Angst an die Nachkommen weiter.

Heute drohen uns nachts eigentlich keine Gefahren mehr. Wir könnten abends mit unseren Freunden im Dunkeln nach Hause laufen und würden sicher ankommen. Oder nachts allein in unserem Zimmer im kuscheligen Bett schlafen, wo uns gar nichts passieren kann. Aber unser Kopf denkt weiter wie ein Höhlenmensch und versucht uns zu warnen:

„Hat da etwas geknackst? Bewegt sich da nicht etwas? Könnte sich im Schatten etwas verstecken? Pass auf – das könnte gefährlich sein! Bleib lieber im Hellen und bei deiner Familie!“

Deshalb haben immer noch viele Menschen Angst im Dunkeln, obwohl wir heute tagsüber und nachts sehr sicher leben.

Hast du schon einmal gesehen, wie gut sich Katzen in der Nacht orientieren können? Katzen haben schon immer nachts gejagt und haben daher über Jahrtausende Augen entwickelt, die auch bei ganz wenig Licht scharf sehen.

Menschen dagegen waren tagsüber unterwegs beim Jagen und Sammeln. Deshalb können wir in der Dämmerung und nachts nur schlecht sehen, was wirklich da ist. So stellen wir uns dann vor, was sich alles in dunklen Ecken verbergen könnte ...

Dabei könnten wir ja eigentlich herausfinden, was um uns ist! Wir könnten mit unseren Eltern wie mutige Katzen durch unser dämmriges Zuhause schleichen und alles ganz genau beobachten. Oder wir könnten die Dunkelheit erforschen.

Magst du selber zu einem Dunkelheits-Erforscher werden?

Dann könntest du mithilfe deiner Eltern ein kleines „Meine Dunkel-Forschung!“-Heft anlegen. Da kannst du malen und schreiben (oder von ihnen aufschreiben lassen), was du Neues über die Dunkelheit herausfindest.

Hier sind ein paar Forscher-Fragen für dich. Fallen dir noch mehr ein?

- *Was fällt dir nachts in deinem Zimmer auf?*
- *Weißt du, welche Ecken in eurer Wohnung am dunkelsten sind?*
- *Findest du heraus, was nachts manchmal so komisch knackt?*
- *Magst du mal mit einer Taschenlampe und einem Freund abends in den Garten gehen und schauen, was ihr entdeckt? Oder sogar mit deinen Eltern durch einen dunklen Wald?*
- *Weißt du, warum Katzen oder Igel so gern im Dunkeln unterwegs sind?*
- *Und weißt du, welche Berufe man nur im Dunkeln oder nachts ausüben kann?*

Da unser Kopf nachts nicht viel zu tun hat, schmückt unsere Fantasie alles aus. Wir denken dann: „Ein grellgrünes Monster versteckt sich im Schrank!“ oder “Ein Drache mit spitzen Zähnen am Schwanz liegt unter meinem Bett!“ – auch wenn wir am Tag ganz genau wissen, dass es die ja gar nicht gibt!

Wenn wir älter werden, glauben wir zwar nicht mehr an Monster. Dafür beschäftigen uns nachts oft andere Sorgen. Tagsüber muss unser Gehirn arbeiten, aber nachts hat es Zeit, unsere Gedanken einfach wandern zu lassen.

Manchmal denken wir dann an etwas Schönes, manchmal grübeln wir aber auch sorgenvoll: „Warum hat Lena mich heute so komisch angeschaut? Habe ich für die Prüfung morgen genug gelernt? Wird mich der Trainer beim Spiel morgen wieder die ganze Zeit auf der Bank sitzen lassen?“

Wenn dein Kopf abends gar nicht zur Ruhe kommt, könntest du deine Gedanken malen oder aufschreiben. Mit deinen Eltern kannst du sie bis zum nächsten Morgen in einer Kiste fest verschließen – oder sie in Gedanken in einem tiefen See versenken.

Für Eltern: Lesen Sie hierzu im Eltern-Teil das Kapitel „Warum ist die Angst vor der Dunkelheit so ausgeprägt?“

Magst du einmal zeichnen, was du dir im Dunkeln schon vorgestellt hast? Oder möchtest du lieber aufschreiben, worüber du nachts nachgrübelst?

Einfach aufhören, Angst zu haben, klappt nicht

Manchmal wünschen wir uns, wir könnten unsere Ängste wie mit einer Fernbedienung einfach ausschalten oder wegzappen. Leider funktioniert das nicht.

Erwachsene sagen dann manchmal: „Davor brauchst du doch keine Angst zu haben. Sogar dein kleiner Bruder fürchtet sich nicht davor." So können wir unsere Angst aber auch nicht ausschalten – sie ist uns dann höchstens peinlich.

Jeder Mensch fürchtet sich vor unterschiedlichen Dingen. Manche Kinder finden es ganz toll, mit dem Flugzeug zu verreisen, vor der Klasse etwas vorzutragen oder eine Schlange anzufassen – und andere müssen sich sehr dazu überwinden. Es gibt auch viele Erwachsene, die vor Angst zittern, wenn sie so etwas tun müssen.

Für Eltern: Lesen Sie hierzu im Eltern-Teil das Kapitel „Kinder sind von Natur aus unterschiedlich ängstlich"

Was macht Angst schlimmer?

Unsere Angst wird schlimmer, wenn ...

... wir sie vermeiden oder
vor ihr weglaufen

... wir uns einreden, dass wir klein, dumm und hilflos sind
und andere nichts mit uns zu tun haben wollen.

... wir nicht wissen, wie etwas geht, und uns deswegen unsicher oder nicht gut vorbereitet fühlen.

... wir etwas Bedrohliches oder Beschämendes erleben.

Was passiert, wenn wir der Angst ausweichen?

Wenn man Angst hat, würde man am liebsten alles vermeiden, was damit zu tun hat. Aber wenn wir unserer Angst ausweichen …

... fühlen wir uns zuerst erleichtert ...

... aber dann wird unsere Angst noch größer!

Manchmal haben wir sehr große Ängste

Einige Menschen haben große Angst vor bestimmten Situationen oder Lebewesen – zum Beispiel vor Hunden, Schlangen, Spinnen, Gewittern, Prüfungen, Vorträgen, Einbrechern, hohen Türmen, engen Räumen wie Liften und vielem mehr.

Manchmal …

- waren diese starken Ängste schon immer da und wir können uns gar nicht mehr erinnern, wann sie das erste Mal aufgetaucht sind.
- haben wir etwas Schlimmes erlebt und wissen noch ganz genau, wie diese Angst entstand.
- haben wir uns anstecken lassen von den großen Ängsten anderer Menschen.

- hat sich etwas Wichtiges im Leben verändert und wir werden plötzlich ängstlicher: Du bist auf eine neue Schule gekommen, umgezogen oder eine liebe Person ist plötzlich nicht mehr so oft da für dich.

Sprich mit deinen Eltern über deine ganz großen Ängste. Sie werden dir zuhören und versuchen, dir zu helfen.

Für Eltern: Lesen Sie hierzu im Eltern-Teil das Kapitel „Phobien und Angststörungen“

Es gibt viele Methoden, die uns helfen, wenn wir Angst haben

Es gibt mehrere Wege, wie wir lernen können, mit unserer Angst jedes Mal ein bisschen besser umzugehen. Auf den folgenden Seiten beschreiben wir sie ausführlicher. Vielleicht magst du sie alle ausprobieren oder du suchst dir deine Lieblingsmethoden aus. Hier siehst du alle Wege auf einen Blick.

Unsere Angst wird kleiner, wenn ...

- wir sie uns anschauen, anstatt wegzuschauen. 
-  wir freundlich mit uns selbst sind und wissen, wie wir wieder ruhig werden können.
- wir Menschen haben, die uns verstehen und liebevoll begleiten, wenn es schwierig wird. 
-  wir einen Plan erstellen und vorher üben, was uns schwerfällt.
- wir uns der Angst in kleinen Schritten stellen und spüren, wie unser Mut mit jedem Erfolg wächst. 

Angst kann für uns wie ein kleines, hilfreiches Monster sein – oder wachsen und sich wie ein großes und bedrohliches Monster anfühlen. Auf den folgenden Seiten lernst du, wie du dein eigenes Angstmonster zähmen und dich mit ihm anfreunden kannst!

MEN UND BEGRÜßEN

ns wie ein überraschender Besucher.

en,
willkommen.
Namen.
Gast

es mit
n.

Versuche einmal, deine Angst willkommen zu heißen und schaue, was passiert.

Wenn wir uns nicht gegen die Angst wehren, sondern mit uns selbst und der Angst freundlich umgehen, wird es bereits ein wenig angenehmer, wenn sie uns besucht. Wir können uns sagen: „Jetzt ist die Angst hier, das ist okay, das darf sein.“

Manchmal bleibt sie dann auch weniger lang.

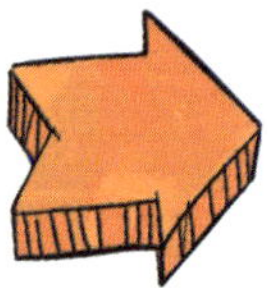

Für Eltern: Lesen Sie hierzu im Eltern-Teil das Kapitel „Helfen Sie Ihrem Kind, die Angst anzunehmen“

Stell dir einmal in einem ruhigen, schönen Moment vor, wie die Angst an deine Tür klopft.

Was sagst du ihr, damit sie sich willkommen fühlt und weiß, dass sie ein bisschen bleiben darf?

Unser Körper kann beim Beruhigen mithelfen

Manchmal wirbeln die Angstvorstellungen sehr stark in unserem Kopf herum.

Wenn wir unserem Körper helfen, ganz ruhig zu werden, beruhigen sich auch die Angstgedanken in unserem Kopf. Dazu können wir zum Beispiel eine dieser Übungen machen:

Wir atmen zehnmal tief ein und noch länger aus und denken dabei:
„Einatmen, zwei, drei, vier – ausatmen, zwei drei, vier, fünf, sechs, sieben, acht.“

Wir legen die Hände auf unseren Bauch und lassen sie wellenreiten. Dazu denken wir: „Einatmen, die Welle trägt meine Hände hoch … ausatmen, die Welle trägt meine Hände gaaanz langsam wieder runter …“

Wir stellen uns eine richtig schöne Situation vor und fühlen uns ganz tief hinein.

Wir denken zum Beispiel an unseren letzten Sommertag am Strand:
„Wie habe ich mich dort gefühlt? Was habe ich gehört? Wonach hat es gerochen? Was habe ich auf meiner Haut gespürt?“

Woran denkst du besonders gerne, um ruhig zu werden?

Male oder schreibe auf, woran du gern denkst:

Wenn wir abends im Bett liegen, hat unser Gehirn nicht mehr so viel zu tun wie tagsüber. Deshalb beginnt es manchmal auf Gefahren zu lauern und warnt uns, obwohl gar nichts Gefährliches da ist. Weil wir im Dunkeln nicht mehr gut sehen können, malt sich unser Kopf gern gruselige Dinge aus, die sich verstecken könnten.

Wenn du spürst, wie dir das abends oder nachts im Bett passiert, kann dir folgende Übung helfen:

- Schau einmal, ob du fünf Dinge sehen kannst, die es wirklich gibt. Schaffst du das sogar wie eine Katze im Schummerlicht? Vielleicht siehst du deinen Teppich, Stuhl, Regal, Kleider oder die Poster an der Wand ...
- Horch einmal, ob du vier Dinge hören kannst. Vielleicht hörst du die Uhr ticken, den Vorhang leise rascheln, den Wind draußen wehen oder deine Eltern sprechen ...
- Fühl einmal, ob es drei Dinge gibt, die du spüren kannst. Vielleicht fühlst du den warmen Pyjama auf der Haut, dein kuscheliges Plüschtier im Arm oder die weiche Matratze unter dir ...
- Riech einmal, ob du zwei Dinge riechen kannst. Vielleicht riechst du das Holz von deinem Bett oder das Waschmittel, mit dem deine Bettwäsche gewaschen wurde ...

Du kannst versuchen, jedes Mal, wenn du diese Übung machst, etwas ganz Neues zu finden.

Für Eltern: Lesen Sie hierzu im Eltern-Teil das Kapitel „Praktizieren Sie gemeinsam mit Ihrem Kind das bewusste Entspannen“

Wenn „Hilfe“ nicht hilft

Du kannst sicher sein: Die meisten Menschen möchten dir gerne helfen, wenn du Angst hast – aber manchmal stellen sie sich ein bisschen ungeschickt an.

Es hilft uns nicht, wenn jemand anderes versucht, uns eine rosarote Brille aufzusetzen.

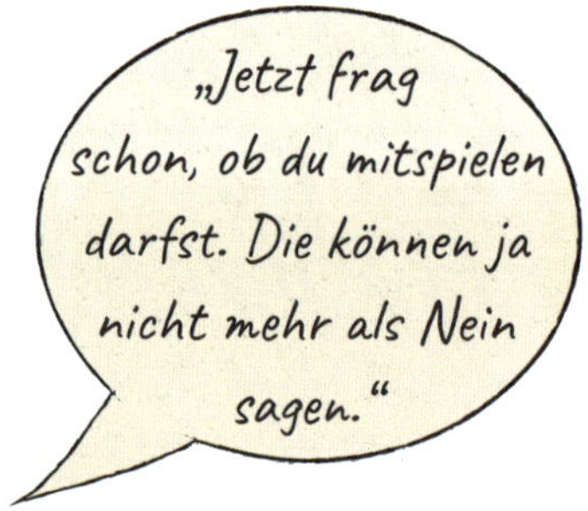

Es bringt uns nichts, wenn uns jemand Ratschläge gibt, ohne uns vorher zuzuhören und uns zu verstehen.

Wir können Gefühle nicht einfach abstellen, nur weil uns jemand sagt, dass sie unlogisch oder übertrieben sind.

Nur weil uns jemand mit anderen vergleicht, können wir unsere Gefühle nicht einfach ihren Erwartungen und Wünschen anpassen.

Für Eltern: Lesen Sie im Eltern-Teil das Kapitel „Das hilft leider gar nicht"

HILFE, DIE UNS GUTTUT

Um dich herum gibt es viele Menschen, die dir helfen können, wenn du Angst hast: deine Eltern, Freunde, Geschwister, Lehrer, Paten und viele mehr.

Auch wenn es am Anfang schwer ist: Es tut gut, mit Menschen, denen wir vertrauen, über unsere Ängste zu sprechen.

Es hilft uns zu hören, dass wir etwas nicht schaffen und Fehler machen dürfen. Und dass uns die Menschen um uns herum genauso lieb haben, egal ob wir Erfolge oder Misserfolge erleben.

Es ist hilfreich, wenn uns andere erst dann einen Rat geben, wenn sie unser Problem verstanden haben.

Es tut gut, wenn uns jemand dabei hilft, unserer Angst in kleinen Schritten zu begegnen.

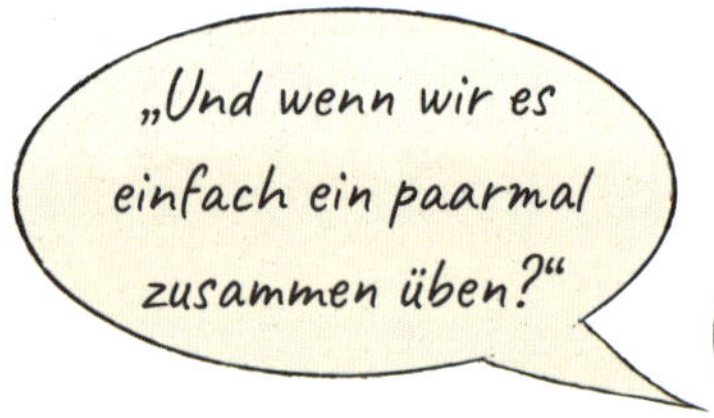

Es hilft, gemeinsam einen Plan zu machen, um die Angst zu überwinden.

Für Eltern: Lesen Sie hierzu im Eltern-Teil die Kapitel „Schenken wir unseren Kindern Geborgenheit“ und „Liebe muss man sich nicht verdienen“.

Was hilft dir und was nicht?

Welche Sätze hast du schon einmal gehört, die dir gar nicht gegen die Angst geholfen haben? Schreibe sie in die Sprechblasen:

Und was hätte die andere Person sagen oder tun können, um dir wirklich zu helfen? Was hättest du dir gewünscht? Schreibe es in die Sprechblasen:

Wer kann dir helfen?

Überlege einmal, zu wem du besonders gerne gehst, wenn du Angst hast! Vielleicht zu deiner Oma, deiner Freundin, deinem Paten, der netten Nachbarin?

Falls diese Person gerade nicht da ist, kann sie dir vielleicht trotzdem helfen – durch ein Foto, ein Kleidungsstück oder ein kleines Mutmachgeschenk.

Male hier ein Bild dieser Person oder klebe ein Foto ein:

Wir machen vorher einen Plan für unsere Ängste

Wenn wir gerade große Angst haben, können wir nicht mehr gut nachdenken: Unser Kopf fühlt sich an wie vernebelt oder blockiert. Das geht allen Menschen so.

Wenn wir in einer bestimmten Situation immer wieder Angst bekommen, können wir in einem ruhigen Moment darüber nachdenken und uns überlegen, was wir tun wollen. So sind wir vorbereitet, wenn die Angst auftaucht.

David möchte gern am kommenden Wochenende bei seinem Freund Eray übernachten. Darauf freut er sich, hat aber auch ein bisschen Angst. Seine Mutter fragt ihn, was denn passieren könnte.

Seine Mutter fragt ihn: „Was würde dir gegen diese Ängste helfen?“

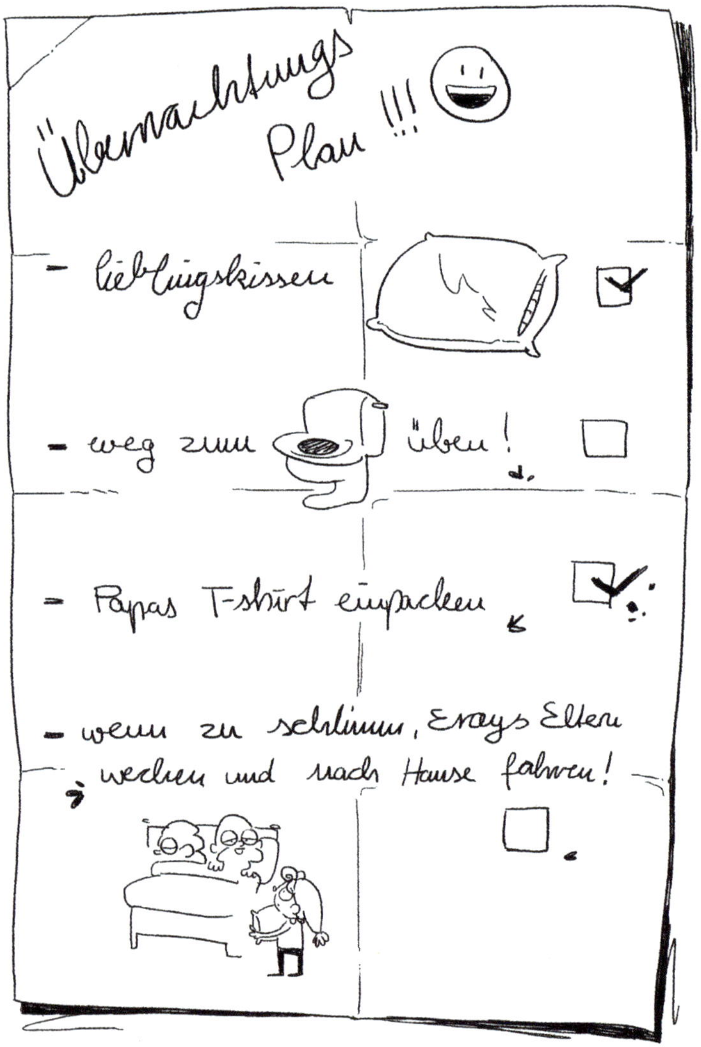

Oft ist es gut, den Plan gegen die Angst mit deinen Eltern oder Freunden zu besprechen. Du kannst ihn auch aufschreiben oder malen, damit du dich an ihn erinnerst:

Für Eltern: Lesen Sie hierzu im Eltern-Teil das Kapitel „Wir überlegen mit unserem Kind, was zu tun ist"

So kann ein Plan aussehen für den Fall, dass doch einmal passiert, wovor du Angst hast

Wenn das passiert …	**dann mache ich …/ dann sage ich zu mir …**
Wenn ich beim Vortrag den Faden verliere …	… dann schaue ich kurz auf meine Stichwortkarte, bis ich den nächsten Punkt gefunden habe.
Wenn wir uns bei Jahrmarkt aus den Augen verlieren …	… dann gehe ich zum Riesenrad und warte dort auf euch.
Wenn in der Prüfung meine Angst hochkommt …	… dann sage ich mir „Du bist nervös, das geht vielen so und es ist okay“ und atme ein paarmal tief durch.
Wenn ich mich bei der Übernachtung gar nicht wohlfühle …	… dann ruft Erays Mutter meinen Papa an und er holt mich ab.

Jetzt bist du dran:

Wenn das passiert …	**dann mache ich …/ dann sage ich zu mir …**

Ängste lassen sich in kleinen Schritten überwinden

Vielleicht hast du auch schon mal eine große Angst überwunden: Kannst du schon vom Dreimeter-Sprungbrett springen? Weißt du noch, wie du das geschafft hast? Bist du einfach heruntergesprungen? Die meisten Kinder probieren es erst mal vom Beckenrand, dann vom Einmeter-, Zweimeter- und dann erst vom Dreimeterbrett. Natürlich haben sie zuerst auch Angst, wenn sie vom Beckenrand springen. Aber sie nehmen ihren Mut zusammen und wagen es. Mit jedem Sprung fühlen wir uns etwas sicherer, wird unser Mut ein wenig größer und die Angst ein wenig kleiner … bis wir für das Dreimeterbrett bereit sind.

Auf die gleiche Weise lassen sich auch andere Ängste überwinden. Frage dich: Für welchen kleinen Schritt reicht mein Mut? Vielleicht kannst du es wie Eray machen. Nachdem David bei ihm übernachtet hat, will er die Familie Schlottermann auch gerne besuchen und über Nacht bleiben. Leider hat er ziemliche Angst vor Sunny, dem Familienhund. Dieser kommt ihm vor wie ein riesiger Wolf …

„Willst du nicht mal bei uns übernachten?“
„Aber ihr habt doch einen Hund …“
„Und wenn du dich ganz langsam an ihn gewöhnst?“

„Beobachte ihn doch mal von ganz weit weg!“

„Sag mir, wenn wir etwas näher kommen dürfen. Wir bleiben immer wieder stehen und machen ganz langsam. Vielleicht schaffen wir heute nur ein kleines Stück – das ist auch okay.“

„Wie geht es dir jetzt?“
„Willst du ihn mal streicheln? Ich halte ihn gut fest. Schau mal, wie er mit dem Schwanz wedelt – er freut sich.“
„Es geht … Sunny wirkt schon nicht mehr so groß und unheimlich!“

Nach einigen Tagen hat sich Eray mit dem Familienhund angefreundet und mag ihn richtig gern.

Vergiss nicht, dir selber auf die Schulter zu klopfen, wenn du einen Schritt vorangekommen bist! Wenn du zum ersten Mal etwas geschafft hast, das dir viel Mut abverlangt hat, kannst du es vielleicht mit deinen Eltern zusammen feiern.

Diese kleinen Schritte musst du nicht alleine machen. Deine Eltern können dir dabei helfen. Wenn es sehr schwierig ist, kann euch auch ein Kinderpsychologe oder eine -psychologin unterstützen. Sie haben viel Übung darin, Kindern zu helfen, ihre Ängste zu überwinden.

Für Eltern: Lesen Sie hierzu im Eltern-Teil das Kapitel „Der Angst in kleinen Schritten begegnen“

Was sind deine kleinen Schritte?

- Hast du große Ängste? Schreibe sie hier auf.
- Welche ganz kleinen Schritte könntest du jeweils machen?
  Schreibe sie in die Tabelle:

	Ich habe große Angst vor:	
	Mein erster Schritt:	
	Mein zweiter Schritt:	
	Mein dritter Schritt:	
	Mein vierter Schritt:	

Es müssen nicht vier Schritte sein, vielleicht brauchst du fünf oder nur zwei.
Hinten im Buch findest du eine Kopiervorlage.

Ruhig schlafen lässt sich lernen

Viele der Methoden, die du auf den letzten Seiten kennengelernt hast, helfen dir tagsüber, aber auch wenn du im Dunkeln Angst hast.

Du erinnerst dich vielleicht, dass viele Menschen sich abends und nachts besonders ängstlich fühlen. Auch wenn du dich in deinem eigenen Zimmer tagsüber geborgen fühlst, dein Bett und deine Kuscheltiere so richtig gemütlich findest, kann es sein, dass du dir dort abends Sorgen machst.

Wenn es dir gerade schwerfällt, dich ganz beruhigt in den Schlaf gleiten zu lassen, hilft dir alles, was dich daran erinnert: Du bist noch immer in deinem gemütlichen, sicheren Zuhause!

Magst du einmal nachspüren, womit du am liebsten einschläfst?

Schaue, horche, rieche und fühle einmal am Abend: Was bemerkst du um dich herum? Welche Alltagseindrücke zeigen dir: Du bist gemütlich zu Hause geborgen, alles ist, wie es sein soll?

Gibt es noch etwas anderes, was du beim Einschlafen gern wahrnehmen würdest? Zum Beispiel leise Musik oder ein ruhiges Hörspiel, ein sich drehendes Nachtlicht, Papas weiches T-Shirt oder Mamas Parfüm, eine Duftlampe oder ein besonderes Kuscheltier? Male oder schreibe hier deine Einschlafwünsche und Ideen auf:

Die meisten Kinder sollen in unserer Kultur in ihrem eigenen Zimmer schlafen. Manchen geht es gut damit, andere möchten am liebsten mit ihren Eltern, Geschwistern oder ihrem Haustier zusammen schlafen dürfen. Nicht jeder Wunsch lässt sich erfüllen, denn alle in der Familie möchten sich nachts gut ausruhen können. Manchmal lassen sich aber gute Kompromisse und Lösungen finden.

Stell dir einmal vor, eine gute Schlaf-Fee käme zu dir und würde dir jeden Wunsch erfüllen. Wie würdest du gerne schlafen, wenn du dir alles wünschen dürftest, was du möchtest?

Jetzt sprich einmal mit deinen Eltern und schaut euch in eurem Zuhause um. Gibt es dort etwas, das ihr gemeinsam ändern möchtet, damit alle besser schlafen können? Was möchtest du üben, wie könnten dir deine Eltern dabei helfen?

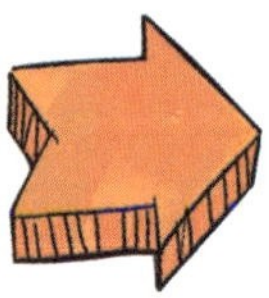

Für Eltern: Lesen Sie hierzu im Eltern-Teil das Kapitel „Warum ist die Angst vor der Dunkelheit so ausgeprägt?“

Kann sich Angst auch gut anfühlen?

Meist finden wir es gar nicht schön, Angst zu haben. Kein Mensch mag seine großen und schlimmen Ängste gern.

Manchmal ist es aber auch toll, sich ein bisschen zu gruseln oder einen kleinen Angstkitzel im Bauch zu spüren:

- „Komm, wir bauen uns eine Höhle und machen die Vorhänge zu. Dann können wir im Dunkeln sitzen und uns Geschichten erzählen!"
- „Morgen kommt der Nikolaus und poltert los – vor dem habe ich ein bisschen Angst, aber ich mag ihn auch ..."
- „Wollen wir heute Abend ganz spät zusammen mit der Taschenlampe in den Garten gehen? Und sie sogar mal ausmachen?"

„Papa, spielst du jetzt Kitzelmonster-attacke mit uns?“

„Huu, diese Achterbahn sieht aber aufregend aus – Mama, probieren wir das zusammen?“

Welche Angstkitzel hast du gerne?

Male oder schreibe auf, wann du es schön findest, ein bisschen Angst zu haben:

Wir können mit unserer Angst singen und lachen

Manchmal hilft es, unsere Angst gar nicht so ernst zu nehmen und es lieber lustig mit ihr zu haben.

Wir können zum Beispiel gemeinsam mit der Angst singen. Sing einmal über etwas, wovor du dich fürchtest – am besten zu einer witzigen Melodie wie der von Happy Birthday: „Vielleicht gibts ein Feuer, ein ganz großes Feuer – oh ein Feuer, ja ein Feuer, ei-hein Riesenfeuer!“

Oder schau einmal, was passiert, wenn du deine Angstgedanken mit einer Donald-Duck- oder Yoda- Stimme sagst: „Angst vor der Prüfung du hast! Es nicht schaffen du wirst!“

Sag dir den Gedanken rasch ein paarmal hintereinander auf, bis du darüber lachen kannst.

Du kannst der Angst auch in einem genervten und gelangweilten Ton sagen, wenn du genug hast: „*Ach, Angst, langsam wirds langweilig! Da könnten Einbrecher durchs Fenster kommen – das hast du mir schon hundert Mal gesagt. Wenn du immer das Gleiche spielen willst, mache ich nicht mehr mit.*"

Für Eltern: Lesen Sie hierzu im Eltern-Teil das Kapitel „Die Angst darf man auch auf die Schippe nehmen"

Wir sagen unserer Angst: „Bis zum nächsten Mal!“

Jetzt hast du sehr viel über die Angst gelesen und selber aufgeschrieben oder gemalt. Vielleicht kennst du dich selbst und deine Angst jetzt besser und hast gelernt, wie du gut mit ihr umgehen kannst.

Ein Leben ohne Angst gibt es nicht. Aber zusammen können wir lernen, mit unserer Angst zu leben und uns dabei gegenseitig zu helfen.

Hast du dir einmal vorgestellt, wie es wäre, wenn deine Angst sprechen könnte? Vielleicht würde sie ja zu dir sagen:

„Hallo, ich bin deine Angst!

Ich habe mich richtig gefreut, dass du so viel über mich wissen willst … und ich glaube, du kennst mich jetzt ziemlich gut.

Weißt du, eigentlich möchte ich dir gerne helfen. Höre bitte auf mich, wenn ich dich vor echten Gefahren warne.

Aber manchmal schieße ich über mein Ziel hinaus. Dann veranstalte ich einen Riesenwirbel in deinem Kopf, obwohl es eigentlich gar nichts zum Fürchten gibt. Das tut mir leid.

Du darfst mir dann gern sagen: ‚Hey, Angst, ich habe genug von deinen Geschichten. Ich schaue jetzt lieber, dass mein Körper und mein Kopf wieder zur Ruhe kommen!'. Das verstehe ich …

Ich verstehe auch, dass du die Freude wahrscheinlich immer lieber haben wirst als mich. Das ist schon okay. Aber vielleicht können wir trotzdem Freunde sein.

Ohne mich kannst du nicht mutig sein. Ja, das ist so.

Mutig sind nicht Menschen, die nie Angst haben. Mutige Menschen hören auf ihre Angst und tun, was sie wichtig finden, auch wenn sie Angst haben. Am liebsten in kleinen Schritten.

Also, sei manchmal vorsichtig und manchmal mutig. Ich passe schon gut auf dich auf.

Vielleicht magst du mir ja auch einen Brief schreiben, nur für mich? Ich würde mich sehr darüber freuen!

Herzlich, deine Angst“

Eltern-Teil

Wenden wir uns den Ängsten unserer Kinder und den eigenen zu

Liebe Eltern,
Ängste begleiten und beschäftigen uns durch das ganze Leben hindurch. Im Laufe unserer Entwicklung zeigt sich die Angst in immer anderen Formen. Als Kleinkind fürchten wir uns davor, von unseren Eltern getrennt zu werden, im Kindergarten vor Monstern, der Dunkelheit oder Hunden. Während der Schulzeit tauchen wieder neue Ängste auf: Wir fürchten, nicht die geforderten Leistungen erbringen zu können oder aus einer Gruppe ausgeschlossen zu werden.

Als Eltern konfrontiert uns ein neuer Schwall an Ängsten. Wir beobachten unser Baby beim Schlafen und kontrollieren ängstlich, ob es noch atmet. Wir bekommen einen riesigen Schrecken, wenn wir unser Kleinkind für einen Moment aus den Augen verlieren oder es auf eine Straße zurennt. Wir leiden mit, wenn unser Kind sich das erste Mal von uns lösen muss, um bei den Großeltern zu bleiben, in die Krippe oder den Kindergarten zu gehen. Und wir fragen uns, ob es das schafft, ob es uns vermisst, ob es ohne uns klarkommt oder die Trennung ihm schaden wird.

Die Ängste unserer Kinder im schulischen und sozialen Bereich können eigene belastende Erinnerungen in uns wachrufen. Vielleicht werden wir mit Themen konfrontiert, die wir selbst nie abgeschlossen haben, wie unserer eigenen Angst, nicht zu genügen, es „nicht richtig" zu machen und andere zu enttäuschen. Oder mit der Angst, abgelehnt und ausgegrenzt zu werden.

Mit diesem Buch möchten wir Sie und Ihr Kind dazu einladen, einen Schritt auf die Angst zuzumachen, dieses Gefühl kennenzulernen, anzunehmen und sich mit ihm auszusöhnen.

Herzlich
Ulrike und Fabian

ULRIKE ERZÄHLT

Wie es zu diesem Buch gekommen ist

„Sag mal, Mama, warum muss es denn überhaupt Angst geben? Ich fänds viel schöner ohne!“

Das sagte meine jüngste Tochter zu mir, als ich sie ins Bett brachte. Sie war damals sieben Jahre alt und kämpfte immer wieder mit großen Angstgefühlen im Dunkeln. Gleichzeitig liebte sie ihre Sachbücher, wollte alles verstehen und löcherte uns mit „Warum“-Fragen.

„Was für eine spannende Frage und was für ein wichtiges Thema!“, dachte ich als Mutter. Und eigentlich wissen wir so wenig darüber ... Als Biologin war mir bewusst, dass unsere Angstgefühle eine sinnvolle Funktion haben für unser Überleben.

Gemeinsam mit Fabian, der Psychologe ist, sammelten wir Kinderfragen zur Angst und Antworten darauf.
Wir merkten: Es hilft Kindern und Eltern, wenn wir unsere Angst mit dem Kopf ergründen und besser verstehen – und wenn wir sie mit unserem Bauch annehmen können!

Diesen Weg gemeinsam zu gehen, stärkt unsere Beziehung. Sicher gebunden, mit einer feinfühligen, verlässlichen und präsenten Begleitung durch uns Eltern können unsere Kinder jeder neuen Angst ein bisschen sicherer und zuversichtlicher begegnen.

So entstand dieses Buch.

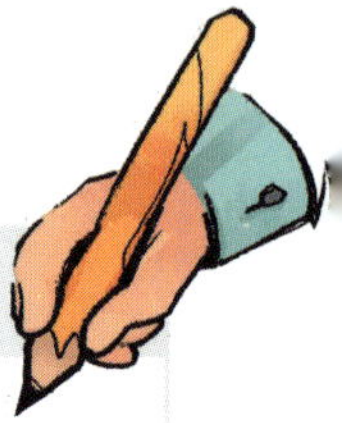

Zum Mitgestalten für Eltern: Welche Kinderängste beschäftigen Sie gerade?

Gibt es einen konkreten Auslöser, warum Sie dieses Buch ausgesucht oder geschenkt bekommen haben?

Welche Ängste Ihres Kindes zeigen sich gerade, und wie?

Haben Sie schon Strategien ausprobiert, um mit diesen Ängsten umzugehen? Was hat Ihrem Kind geholfen, was weniger?

Was für einen Umgang mit der Angst würden Sie Ihrem Kind längerfristig für sein Leben wünschen? Wie möchten Sie es dabei unterstützen?

Wir machen uns mit der Angst vertraut

In diesem Kapitel erfahren Sie, wie Ängste entstehen, welche Rolle verschiedene Bereiche unseres Gehirns und unseres Nervensystems dabei spielen und wie Ihnen dieses Wissen dabei helfen kann, Ängste besser zu verstehen und mit ihnen umzugehen.
Als Erstes möchten wir auf die Psychologen John Watson und Rosalie Rayner eingehen, die 1920 in einem berühmt gewordenen Experiment der Frage nachgingen, wie Ängste entstehen. Heute, das möchten wir vorwegnehmen, sind solche Experimente zum Glück aus ethischen Gründen verboten.

Der Fall des kleinen Albert

John Watson ging davon aus, dass Ängste durch Lernprozesse erworben werden können. Was uns heute selbstverständlich erscheint, war zu dieser Zeit ein revolutionärer Gedanke. Um seine Theorie zu beweisen, führten Watson und Rayner ein Experiment mit einem 11 Monate alten Kind durch: dem kleinen Albert.

In einer ersten Phase zeigten die Forscher Albert verschiedene Tiere: Ratten, Kaninchen und einen Hund. Es wurde deutlich, dass Albert zu diesem Zeitpunkt keinerlei Angst vor Tieren hatte. Ebenfalls demonstrierten sie in dieser ersten Phase, dass Albert – wie fast jedes Kind – eine angeborene Angst vor lauten Geräuschen hatte. Dazu schlugen sie mit einem Hammer auf eine lange Eisenstange.

Watson und Rayner stellten die Hypothese auf, dass sich Alberts Angst vor lauten Geräuschen übertragen würde auf eine Angst vor Ratten, wenn beide Reize gleichzeitig auftraten. Die beiden Psychologen schrieben:

„1. Die weiße Ratte wurde plötzlich aus dem Korb genommen und Albert gezeigt. Albert begann, mit der linken Hand nach der Ratte zu greifen. In dem Augenblick, als seine Hand das Tier berührte, wurde unmittelbar hinter seinem Kopf auf die Stange geschlagen. Das Kind fuhr heftig hoch, fiel nach vorne und vergrub sein Gesicht in der Matratze. Es weinte jedoch nicht.

2. Gerade als die rechte Hand die Ratte berührte, wurde wieder auf die Stange geschlagen. Wieder fuhr das Kind heftig hoch, fiel nach vorne und begann zu wimmern.“ (Watson & Rayner, 1920, S. 4)

Nach einigen solchen Durchgängen begann die dritte Phase des Experiments. Dem kleinen Albert wurde nun nur die Ratte gezeigt, worauf er sofort anfing zu weinen und von dem Tier wegkrabbelte. In weiteren

Phasen des Experiments konnten die Forscher zeigen, dass sich die Angst auf ähnliche Reize ausweitete: Albert zeigte danach auch Angst vor Kaninchen oder Hunden, obwohl im Experiment nur mit einer Ratte gearbeitet worden war.

Rund hundert Jahre später wissen wir, was in unserem Gehirn passiert, wenn solche Prozesse stattfinden.

Die Amygdala: Unser emotionales Gedächtnis

Tief im Zentrum unseres Gehirns befindet sich die Amygdala. Sie besteht aus zwei kleinen Bereichen, die oft auch als Mandelkerne bezeichnet werden und von denen sich einer in der rechten und einer in der linken Hirnhälfte befindet.

Die Amygdala formt unser emotionales Gedächtnis. Allerdings geht sie dabei nicht logisch vor. Sie achtet nicht auf Ursache und Wirkung, sondern – wie im Experiment mit dem kleinen Albert – auf das gleichzeitige Auftreten bestimmter Reize und Emotionen. Was gleichzeitig da ist, wird verknüpft und abgespeichert.

Diese Verknüpfung kann logisch und hilfreich sein. Beispielsweise, wenn eine Gazelle den Geruch eines Löwen mit Gefahr verbindet. Oder unlogisch: Beispielsweise, wenn Sie in einer Pizzeria angegriffen werden und von diesem Moment an jedes Mal Angst bekommen, wenn Ihnen Pizzageruch in die Nase steigt.

Wenn wir etwas sehen, hören oder riechen, gleicht die Amygdala diese Sinneswahrnehmungen mit unserem emotionalen Gedächtnis ab und löst sofort entsprechende Gefühle aus. Diese Gefühle können nicht nur unlogisch sein, es kann auch vorkommen, dass Sie nicht mehr nachvollziehen können, weshalb Ihr Gehirn diese Verknüpfung hergestellt hat.

Es könnte Ihnen beispielsweise passieren, dass Sie eine Person kennenlernen, deren Gesicht Ihnen sofort sympathisch ist. Dies könnte daran liegen, dass sie Ihrer freundlichen, warmherzigen Babysitterin gleicht, die Sie als Kleinkind gehütet hat. Sie haben bewusst längst vergessen, wie diese Babysitterin aussah, aber Ihre Amygdala ruft noch immer zuverlässig die alten Gefühle von Zuneigung wach, wenn Sie ein ähnliches Gesicht entdecken. Vielleicht ist diese Person gar nicht so nett, aber Sie sind gerne bereit, bei ihr ein Auge zuzudrücken oder sie zu entschuldigen, weil sie so sympathisch auf Sie wirkt.

Wir können uns vorstellen, dass der kleine Albert aus dem Experiment auch mit 15 Jahren noch Angst vor Kaninchen hatte, aber sich natürlich nicht an das Experiment erinnern konnte. Vielleicht wurde er immer wieder nach dem Grund für seine Angst gefragt, was ihn nur zusätzlich verunsicherte und zu wilden Spekulationen verleitete.

Die Amygdala lernt immer mit

Unsere Amygdala verbindet laufend bestimmte Orte, Situationen oder Personen mit Emotionen. Sie könnend dazu einen kleinen Test machen: Wie würden Sie sich fühlen, wenn Sie vor einer Gruppe Kopfrechnen, Französisch sprechen oder singen müssten? Sofort steigt ein Gefühl in Ihnen hoch – Ihre Amygdala erinnert sich, wie Sie sich während dieser Situationen früher gefühlt haben.

Vielleicht hatten Sie eine Französischlehrerin, die Sie an die Tafel rief und vor der ganzen Klasse tadelte, wenn Sie einen Fehler gemacht hatten? Oder Ihre Eltern haben Ihnen bei den Hausaufgaben und dem Lernen geholfen, waren dabei aber ungeduldig, haben den Kopf geschüttelt, wenn Sie etwas nicht gleich verstanden haben, und waren enttäuscht, wenn Sie eine schlechte Note schrieben? Oder war alles ganz anders und Sie haben sich kompetent gefühlt, Anerkennung erhalten, geduldige und liebevolle Begleitung erfahren dürfen? Je nachdem haben Sie andere Gefühle mit dieser Sprache assoziiert: Ihre Amygdala hat Französisch emotional belegt.

Wie die Amygdala die Angstreaktion auslöst

Über unsere Sinnesorgane sammelt unser Gehirn Informationen. Diese werden zuerst in den Thalamus geleitet und dort verarbeitet. Vom Thalamus aus werden die Informationen sowohl an die Amygdala als auch an den Kortex, den Sitz unseres bewussten Denkens, weitergeleitet.

Allerdings gelangen die Informationen schneller zur Amygdala, die eine grobe, aber rasche Einschätzung vornimmt. Sie reagiert sehr sensibel auf mögliche Gefahren und löst sofort Alarm aus, wenn uns etwas bedrohen könnte. Sie ist eng verbunden mit dem Hypothalamus, dem Stammhirn und dem sympathischen Nervensystem, und kann dadurch eine ganze Kaskade an körperlichen Reaktionen auslösen:

Über den Hypothalamus werden Stresshormone wie Cortisol und Adrenalin ausgeschüttet. Unser sympathisches Nervensystem aktiviert in der Folge unseren gesamten Körper, richtet ihn auf Kampf, Flucht oder Totstellen ein und lässt uns Schutz suchen bei anderen. Ohne dass wir es willentlich beeinflussen können, werden so alle körperlichen Symptome der Angst wie schnellerer Herzschlag und Atmung, kalter Schweiß und angespannte Muskeln, aufgerissene Augen und das Gefühl innerer Erregung ausgelöst.

Das alles kann passieren, noch bevor wir bewusst im Kortex verarbeitet haben, welche Gefahr uns droht. Auf diese Weise können wir auf gefährliche, möglicherweise lebensbedrohliche Situationen viel schneller reagieren, als wenn wir sie zuerst rational einschätzen und abwägen müssten. Allerdings reagiert unsere Amygdala ein wenig wie ein Soldat, dem eingebläut wurde: „Zuerst feuern, dann die Lage abklären!"

Ein Beispiel: Wenn Sie eine Spinnenphobie haben, ist Ihre Amygdala darauf ausgerichtet, eingehende Sinneseindrücke daraufhin zu überprüfen, ob Gefahr von einer Spinne droht. Sie arbeitet rasch, aber ungenau – alles, was irgendwie nach Spinne aussieht, löst eine Angstreaktion aus.

So kann es vorkommen, dass Sie „etwas" sehen, Ihre Amygdala löst Alarm aus, Ihr Hypothalamus pumpt Stresshormone in den Blutkreislauf, Ihre Muskeln spannen sich an, Sie halten kurz die Luft an und weichen mit einem Schrei zurück. Jetzt erst hat die Information aus Ihren Augen auch den Kortex erreicht, wo sie detaillierter verarbeitet wird. Fehlalarm: Es war nur ein größerer Staubfussel!

Die Amygdala reagiert nicht auf Logik

Unser großes Problem ist: Die Amygdala ist praktisch immun gegen logische Argumentation! Daher bringt es nichts, wenn uns jemand sagt, wir müssten doch keine Angst vor einer Spinne haben, oder uns versichert, dass „mein Hund ganz sicher nicht beißt".

Was uns bei Amygdala-basierten Ängsten als Einziges hilft, sind neue Erfahrungen. Dies gelingt uns, wenn wir uns dem Auslöser der Angst bewusst stellen und dabei erfahren dürfen: Ich kann diese Situation aushalten, die Angst nimmt langsam ab und ich beruhige mich wieder. Oder wenn wir positive Erfahrungen machen, stolz auf unseren Mut sind und merken, wie wir kompetenter werden.

Das wäre der Fall, wenn wir beispielsweise als Erwachsene einen Ferienkurs in Frankreich besuchen und dort

Französisch sprechen, obwohl wir nervös sind. Vielleicht machen wir dann die schöne Erfahrung, wie Menschen positiv auf unsere Bemühungen reagieren und entspannt mit unseren Fehlern bei Aussprache und Grammatik umgehen. So verknüpfen wir die Sprache endlich neu, mit Feriengefühl, Savoir-vivre und netten Menschen!

Kortex-basierte Angst

Wie wir gesehen haben, gibt es Ängste, die über die Amygdala blitzschnell durch unseren Körper laufen, sobald wir etwas Bedrohliches sehen, hören oder riechen, und die sofort eine starke Flucht-, Kampf- oder Totstellreaktion einleiten.

Ängste können aber auch durch unseren Kortex ausgelöst werden. Richard Lazarus war einer der Ersten, die mithilfe von Experimenten zeigen konnten, dass unsere Gedanken bei Ängsten eine wichtige Rolle spielen können.

Diese Art der Angst kann einerseits ohne Sinneseindrücke entstehen, wenn wir uns beispielsweise um zukünftige Situationen sorgen. Andererseits kann sie ausgelöst werden, wenn wir etwas wahrnehmen oder erleben, das wir als Bedrohung interpretieren. Auch bei diesem Weg der Entstehung wird die Amygdala aktiviert, allerdings erst, nachdem der Kortex die Situation als gefährlich eingestuft hat.

Oft kann man beobachten, wie sich jemand gedanklich mehr und mehr in diese Ängste hineinsteigert. Eine Schülerin muss sich für eine größere Prüfung vorbereiten und ist zunächst noch zuversichtlich. Bald beginnt jedoch das Sorgenkarussell: „Es ist so viel – ich schaffe es nie, das alles zu lernen!“, „Die anderen sind alle viel schneller als ich!“, „Meine Eltern wären total enttäuscht, wenn ich eine schlechte Note schreibe!“, „Ich muss das schaffen!“, „Wenn ich es nicht schaffe, bin ich ein totaler Versager!“

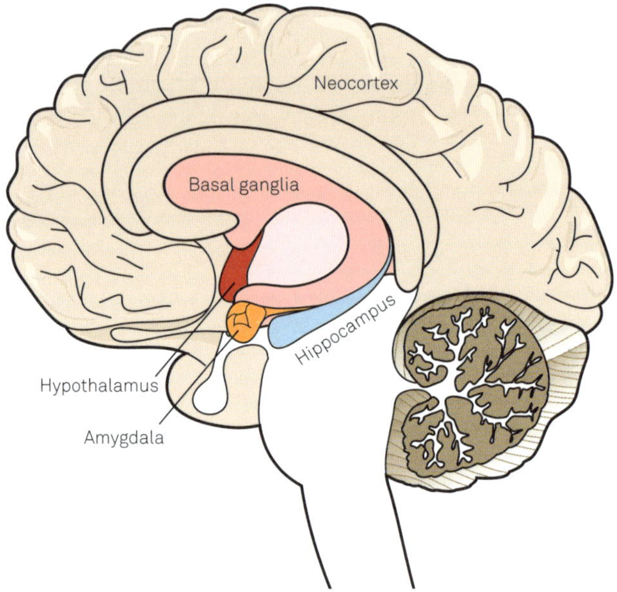

Bei diesen Ängsten kann es hilfreich sein, durch bewusstes Denken die sorgenvollen Gedanken zu überprüfen. Wir können uns fragen: „Sind diese Gedanken wirklich wahr? Was wäre das Schlimmste, was mir passieren könnte?“ „Könnte ich das wirklich nicht aushalten oder wäre ich lediglich zwei, drei Tage lang enttäuscht? Wie kann ich mit dieser Situation anders umgehen?“

Vielleicht merken wir dann: „Ich schaffe zeitlich nicht alles, aber wenn ich mich auf die Lernziele konzentriere, kann ich das Wichtigste noch lernen“, „Einige sind schneller als ich, einige langsamer – ich konzentriere mich jetzt auf den Stoff“, „Meine Eltern stehen zu mir und trösten mich, wenn ich eine schlechte Note schreibe“, „Auch ich darf eine schlechte Note nach Hause bringen, das macht mich noch lange nicht zu einem Versager.“

Bei diesen Kortex-basierten und damit eher bewussten Ängsten wirken alle im Buch beschriebenen Methoden: Entspannungs- und Konfrontationsübungen, das Expressive Schreiben, Gespräche oder das Erstellen von Wenn-dann-Plänen sowie Strategien, die auf die Veränderung von Gedanken ausgerichtet sind.

Wenn Sie mehr über die Unterscheidung zwischen Amygdala- und Kortex-basierten Ängsten lesen möchten, empfehlen wir Ihnen gerne das Buch „Angst und Panik erfolgreich überwinden" von Catherine Pittman und Elisabeth Karle (2020).

Das Wichtigste in Kürze:

- Es gibt – etwas vereinfacht ausgedrückt – Ängste, die direkt über die Amygdala ausgelöst werden, und solche, die erst über den Kortex und dann über die Amygdala laufen.
- Typisch für Amygdala-basierte Ängste ist: Sie werden direkt durch eine Sinneswahrnehmung ausgelöst und bringen unseren Körper sofort in den Überlebensmodus: Kämpfen, Fliehen oder Erstarren.
- Wenn wir eine Amygdala-basierte Angst überwinden möchten, hilft es uns, wenn wir im akuten Fall die körperlichen Symptome einordnen und annehmen können („Ich habe Angst, das ist okay, ich darf Angst haben"). Um diese Ängste dauerhaft zu überwinden, benötigen wir jedoch neue Erfahrungen, mit denen wir die alten „überschreiben" können. Dies gelingt uns, wenn wir uns im sicheren Rahmen unseren Ängsten stellen und dabei lernen können: Die Angst lässt langsam nach, es gibt auch schöne Aspekte in dieser Situation, ich fühle mich kompetenter und mutiger.
- Typisch für Cortex-basierte Ängste ist: Sie entstehen vor allem durch unser Denken. Zum Beispiel, wenn wir eine Situation als bedrohlich interpretieren oder uns Sorgen machen über etwas Zukünftiges.
- Während uns bei Amygdala-basierten Ängsten fast nur neue Erfahrungen oder Entspannung weiterhelfen, können wir Kortex-basierte Ängste auch überwinden, indem wir uns mit unseren Sorgengedanken näher befassen. Wir können diese aufschreiben, zeichnen und mitteilen. Dann können wir sie mit der Realität abgleichen und uns überlegen, wie wir in Zukunft reagieren wollen (zum Beispiel mit einem Wenn-dann-Plan). Oder wir können mehr Distanz zu unseren Angstgedanken aufbauen, indem wir sie ein wenig auf die Schippe nehmen.

Angst überrollt uns wie eine Welle und flaut wieder ab

Angst zu spüren, ist ein eindrückliches Gefühl. Sie überrollt uns Menschen wie eine Welle und löst eine blitzschnelle Kaskade körperlicher Veränderungen aus (vgl. Keifer et al., 2015).

Im letzten Kapitel haben Sie gelesen, wie unsere Amygdala, das Zentrum unserer Emotionen, über den Hypothalamus und das sympathische Nervensystem die Ausschüttung von Adrenalin, Cortisol und anderen Stresshormonen veranlassen kann.

Unser sympathisches Nervensystem hat jedoch einen Gegenspieler: das parasympathische Nervensystem. Es sorgt dafür, dass unser Körper wieder in den Normalzustand zurückfindet. Es verlangsamt Atmung und Herzschlag wieder, lässt unsere Muskeln sich entspannen und sorgt für ein inneres Gefühl der Entspannung. Bis alle Stresshormone wieder abgebaut sind, bleibt noch eine gewisse Nervosität spürbar.

Den Wellencharakter und das Abflauen der Angst spüren wir, wenn wir trotz Angst in einer Situation bleiben und diese aushalten. Vielleicht erinnern Sie sich an Erlebnisse wie diese: Sie sitzen zu Beginn einer Prüfung im Klassenzimmer, Ihre Nervosität nimmt zu, während die Lehrkraft die Prüfung austeilt. Das Herz schlägt Ihnen bis zum Hals, als Sie das Blatt in die Hand nehmen und umdrehen, um die Fragen zu lesen – und nimmt dann sukzessive wieder ab, während Sie zu schreiben beginnen. Oder Sie spüren die Angst Ihres Kindes, während es sich in eine neue Situation begibt, sich einem Hund oder einer Spinne nähert – und wie diese merklich abnimmt, je länger sich Ihr Kind damit auseinandersetzt.

Wenn wir genau hinschauen, bemerken wir oft, wie unser Körper aktiv mithilft, die Angstwelle wieder „herunterzureiten“: Wir nehmen einen tiefen Atemzug und atmen hörbar aus, nachdem wir den Atem fast angehalten hatten. Wir schütteln kurz den Körper aus wie bei einem Frösteln oder spüren den Drang, uns rasch zu bewegen. All diese Verhaltensweisen helfen Menschen wie auch Tieren dabei, die Stresshormone abzubauen. An Hunden und Pferden kann man besonders gut beobachten, wie sie nach einem Schreck durch Schütteln oder Abschnauben ihre Anspannung loswerden und danach wieder vollständig gelöst in eine neue Situation gehen können.

Angst ist – ebenso wie Wut, Trauer, Freude und einige mehr – eines der menschlichen Kerngefühle (vgl. Fosha, 2000; Fosha, Siegel & Solomon, 2009). Psychologen gehen davon aus, dass all diese Gefühle sich für den Menschen als Überlebensvorteil erwiesen haben. Denn jedes einzelne von ihnen zeigt uns mit großer Schnelligkeit und einer hohen Intensität an, ob wir uns physisch, psychisch oder sozial in einer Situation befinden, die für unsere Existenz günstig oder ungünstig ist.

So zeigt uns Wut, dass ein anderer Mensch gerade eine für uns wichtige Grenze überschritten hat – oder Angst, dass etwas oder jemand potenziell gefährlich ist. Der eindrückliche Charakter der Kerngefühle, so die Hypothese, erlaubt es uns, viel schneller und konsequenter auf Situationen zu reagieren, als wenn wir sie erst mit dem Verstand analysieren und unsere Handlungsoptionen abwägen müssten.

Wie weiter oben beschrieben, überrollt uns die Angst wie eine Welle, die nach einem unangenehmen Höhepunkt wieder verebbt. Unser Körper, unser Herzschlag, unsere Stresshormone – alles kehrt von ganz allein in seinen entspannten Normalzustand zurück. Allerdings funktioniert dies viel besser, wenn wir unsere Angst nicht zuvor „aufgeladen" haben. Aufladen oder verzerren können wir unsere Gefühle, wenn wir versuchen, sie zu verdrängen, zu vermeiden, abzuwehren oder uns abzuwerten.

Angst in ihrer reinen Form zu spüren, ist unangenehm, aber wir können sie aushalten und von der bewältigten Situation lernen. Es ist viel schwieriger, mit einer Angst konstruktiv umzugehen, die aufgeladen wurde mit verdrängenden oder abwehrenden Impulsen. Das gilt auch für unsere Kinder.

ULRIKE ERZÄHLT

Lampenfieber gehört zum Ensemble

Ich habe früher sehr gern Theater gespielt. Vor der Premiere war die Anspannung bei allen Mitwirkenden hinter dem Vorhang groß. Unser Lampenfieber war jedoch ein Gefühl, über das wir offen sprachen und wussten: Wir alle teilen es! Unsere Theaterlehrerin sagte uns oft: „Lampenfieber ist nie das beliebteste Ensemblemitglied – mitspielen tut es aber immer!" Wir wussten, dass es dazugehört, wir wussten, dass es sich aufbaut, bis man vor dem Publikum steht und ins Spielen hineinfindet, und dass es sich dann von ganz allein wieder abbaut.

Unsere Theaterlehrerin erklärte uns, wie das Lampenfieber dazu beiträgt, dass Schauspieler besonders konzentriert und engagiert spielen: Sie sagte, dass man dieses Gefühl willkommen heißen und nutzen kann. Dazu gab sie uns praktische Tipps, wie tief durchzuatmen und bewusst auf der Bühne die Zehen zu entspannen – was interessanterweise dazu führt, dass sich der Rest des Körpers auch lockert! Wenn der letzte Vorhang fiel, konnten wir den Rest der Anspannung bei einer fröhlichen Premierenfeier gemeinsam loslassen.

Ganz anders fühlten sich für mich Referate in der Schule an. Dort schien es nur darauf anzukommen, den Vortrag möglichst gelassen und perfekt zu halten. Dass mit Sicherheit die meisten Klassenkameraden auch nervös waren, wurde nie thematisiert oder als normales, uns verbindendes Gefühl anerkannt. Genauso wenig gab es am Ende ein Ritual, um die Anspannung wieder loszulassen.

Oft kamen für mich zur natürlichen Nervosität weitere Gefühle hinzu: Ich schämte mich dafür, aufgeregt zu sein, und entwickelte eine Angst davor, Angst zu bekommen. Gedanken schossen mir durch den Kopf: Hoffentlich merkt niemand, dass ich nervös bin. Was ist, wenn ich rote Flecken bekomme oder vor Aufregung ganz stecken bleibe? Krampfhaft versuchte ich, meine Gefühle abzuspalten und für den Vortrag mit einer „Augen zu und durch!"-Mentalität zu funktionieren.

Es wäre für mich hilfreich gewesen, wenn unsere Deutschlehrerin – so wie unsere Theaterregisseurin – mit uns darüber gesprochen hätte, dass Nervosität ein normaler Teil vom Vortragen ist, dass wir sie zulassen und miteinander teilen dürfen. Dann hätte ich diese Angstwelle, auch wenn sie unangenehm war, wie auf der Bühne besser „ausreiten" können.

Manchmal wehren und werten wir unsere Angst so stark ab, dass wir sie gar nicht mehr als solche erkennen können oder als Angst erleben müssen. Dann kann sich die Angst hinter psychosomatischen Beschwerden, Depressionen, Wut und Eifersucht verstecken.

Gerade bei Kindern können sich unentdeckte Ängste äußern in:

- starken körperlichen Beschwerden wie Bauch-, Kopf- oder Rückenschmerzen, Bettnässen etc.
- Verhaltensauffälligkeiten wie Aggressionen, Rückzug, Klammern oder Apathie
- Konzentrationsproblemen wie vernebeltem Denken, Blackouts oder plötzlich auftretender Vergesslichkeit.

Als Eltern können wir unseren Kindern nur helfen, wenn wir der Angst annehmend, mit Fingerspitzengefühl und aufmerksamem Zuhören, gemeinsam auf die Spur kommen – vielleicht mithilfe einer Fachperson.

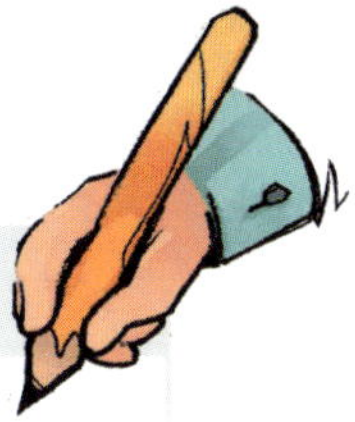

Zum Mitgestalten für Eltern

Denken Sie an eine Situation zurück, in der Sie Angst hatten. Was geschah?

____

____

Rufen Sie Ihre Gefühle in dieser Situation in sich wach und fragen Sie sich: Konnte ich mich selbst in dieser Situation annehmen und die Angst zulassen?

____

____

Oder kamen rasch Wertungen hinzu? Beispielsweise das Gefühl, sich für die Angst schämen zu müssen („Jetzt stell dich halt nicht so an!"), Selbstkritik („Sei nicht immer so schüchtern!"), Abwehr oder Vermeidung („Dem muss ich mich doch gar nicht aussetzen!")?

____

____

Haben Sie in Ihrem jetzigen oder früheren Umfeld eine Person, die Ängste wertungsfrei annehmen kann? Was hätte sie zu Ihnen in Ihrer Situation gesagt? Wie würden Sie selbst mit einer guten Freundin sprechen, wenn sie die gleiche Angst verspürt?

____

____

Möchten Sie für sich neue Sätze formulieren, mit denen Sie sich annehmend, mitfühlend und ohne Wertungen in einer zukünftigen Angstsituation zureden können?

____

Wie Angst unsere Kinder schützt

Angst ist auch für unsere Kinder ein Warnsignal, dass sie sich in einer potenziell gefährlichen Situation befinden. Sie motiviert unsere Kinder dazu:

- bei vertrauten Menschen Schutz zu suchen
- in neuen Situationen vorsichtig zu sein
- Gefahrenquellen aus dem Weg zu gehen
- Situationen zu vermeiden, in denen sie bereits schlechte Erfahrungen gemacht haben
- sich an anderen zu orientieren, um Situationen einzuschätzen.

Viele Ängste sind heute genauso relevant wie in der frühen Menschheitsgeschichte. Dazu gehört beispielsweise die Angst kleiner Kinder, von ihren Eltern getrennt zu werden. Sie bringt das Kind dazu, sich immer wieder zu versichern, dass seine Eltern noch in der Nähe sind, und verhindert, dass es beispielsweise auf dem Spielplatz einfach davonläuft. Soziale Ängste verhindern, dass sich Kinder in einer Gruppe unangemessen verhalten und dadurch riskieren, ausgeschlossen zu werden.

Um einige Ängste zu verstehen, müssen wir uns bewusst machen, dass sie aus einer Zeit stammen, in der das Überleben von Kindern täglich bedroht war. Nur in direkter Nähe ihrer Eltern und vertrauenswürdiger Clan-Mitglieder hatten Menschenkinder überhaupt eine realistische Chance, groß zu werden, tagsüber und noch mehr während der gefährlichen Dämmerung und Nacht. Heute dagegen haben viele Eltern und Kinderärzte den Anspruch, dass Kinder bereits als Säuglinge oder Kleinkinder problemlos alleine schlafen sollten.

Das Gehirn unserer Kinder reagiert jedoch wie zu der Zeit, als es lebensgefährlich war, nachts alleine zu sein: In seinem sicheren, modernen Babybettchen, nur eine Tür vom Elternschlafzimmer entfernt, kann es sich für das Kind anfühlen, als würde es schutzlos in die Nachbarshöhle gelegt. Anstatt sein natürliches Bedürfnis nach Nähe zu erfüllen, greifen wir zum Babyphone. Diese technische Lösung beruhigt jedoch nur die Eltern, nicht das Kind!

Es ist hilfreich, wenn wir uns bewusst machen, dass Angst das Bindungssystem des Kindes aktiviert: Es sucht daraufhin Nähe und Schutz bei den Eltern. Wenn wir in diesen Momenten zeigen können: „Ich bin hier. Du bist bei mir geborgen!“, entsteht beim Kind eine innere Sicherheit, die ihm dabei hilft, sich immer mutiger auf die Welt einzulassen.

Zum Mitgestalten für Eltern: Wie stehen Sie der Angst gegenüber?

Haben Sie schon einmal die Erfahrung gemacht, dass Angst eine hilfreiche oder schützende Funktion für Sie selbst hatte? Oder für Ihr Kind?

Schauen Sie sich Ihre Notizen von der vorherigen Übung „Welche Kinderängste beschäftigen Sie gerade?" noch einmal an. Haben diese Ängste vielleicht in ihrem Kern eine Schutzfunktion versteckt – und was könnte diese sein?

Welche Ängste begleiten die Entwicklungsphasen unserer Kinder?

Je nach Alter und Entwicklungsstufe ängstigen sich Kinder vor unterschiedlichen Situationen und Dingen.

Säuglinge reagieren vor allem auf laute Geräusche und fürchten sich, wenn sie alleine gelassen werden. Dabei spielt es zunächst eine untergeordnete Rolle, wer sich um sie kümmert. Viele Kinder kann man in den ersten Monaten noch problemlos in die Hände des Besuchs, der Oma oder einer Tante geben.

Erst ab ungefähr 6–8 Monaten beginnen Babys zu „fremdeln". Nun reagiert das Kind plötzlich mit Angst, wenn es mit einer Person alleine gelassen wird, die ihm nicht vertraut ist.

Im Kleinkind- und Vorschulalter kommen neue Ängste hinzu: Zuerst fühlen sich kleine Kinder ängstlich in der Dunkelheit oder bei einer Begegnung mit Tieren, vor allem Hunden und Spinnen. Sind die Kinder etwas älter, stellen sie sich häufig vor, wie Einbrecher durchs Fenster klettern, sich Monster unter dem Bett verstecken oder Gespenster zu Besuch kommen könnten.

Ab dem Grundschulalter nehmen diese Ängste meist wieder ab und werden abgelöst von neuen Befürchtungen. Viele Kinder beginnen nun, sich stärker mit anderen zu vergleichen. Sie möchten mit den anderen mithalten können und dazugehören. Dementsprechend spüren sie in diesem Alter die Sorge, nicht gut genug zu sein, etwas nicht zu können oder den Anschluss nicht zu finden. Auch Ängste vor Tod und Krankheit können vermehrt auftauchen.

Einige Ängste lassen sich als typische Kindheitsängste beschreiben – wie beispielsweise die Angst vor Fantasiewesen oder der Dunkelheit. Sie tauchen meist dann auf, wenn das Kind bestimmte Entwicklungsschritte gemeistert hat oder neue Entwicklungsaufgaben bewältigen muss.

So bildet sich die Angst im Dunkeln typischerweise erst dann aus, wenn sich das Kind so weit entwickelt hat, dass es sich etwas vorstellen kann, das es nicht sieht. Es muss sich ausmalen können, dass etwas in der Dunkelheit lauern könnte, wie ein Monster, Wolf oder Einbrecher.

Die Angst nimmt wieder ab, wenn das Kind sich kognitiv so weit entwickelt hat, dass es diese Vorstellungen auf den Prüfstand stellen und gedanklich dagegen vorgehen kann: „Gespenster gibt es nicht, Wölfe können nicht durchs Fenster reinkommen und mein Papa würde die Einbrecher vertreiben."

FABIAN ERZÄHLT

Mit dem Holzschwert gegen die Einbrecher

Als mein Sohn ca. 4 Jahre alt war, hatte er plötzlich Angst vor Einbrechern. Zum Glück wohnen wir gleich neben dem Gefängnis. Wir legten das Holzschwert im Bett bereit und schmiedeten Pläne, wie er sein Schwert packen, mich um Hilfe rufen und wir dann die Einbrecher gemeinsam überwältigen und sofort beim Gefängnis abliefern würden. Es beruhigte ihn sehr, dass wir in direkter Nachbarschaft zum Gefängnis wohnen: Welcher Räuber wäre schon so dumm, an solch einem Ort einzubrechen? Mit der Hand am Schwertgriff schlief er beruhigt ein.

Je nach Stimmung und Situation können uns aber sogar typische Kindheitsängste als Erwachsene wieder einholen. Vielleicht fällt es uns nach einem Horrorfilm plötzlich schwer, wenn wir nachts allein sind, uns zu versichern, dass es keine Dämonen oder Monster gibt, und wir lassen das Licht brennen, um einzuschlafen. Oder es packt uns ein längst vergessener Grusel, wenn wir nachts durch den Wald spazieren.

Andere Ängste, wie die vor Tieren, können uns bis ins Erwachsenenalter begleiten. So finden sich beispielsweise auch viele Erwachsene mit Hunde-, Schlangen- oder Spinnenphobien. Teilweise entwickeln wir auch neue Ängste im fortgeschrittenen Alter, die meist durch ein negatives Erlebnis ausgelöst werden.

Zum Mitgestalten für Eltern: Erinnern Sie sich an Ihre Kindheitsängste?

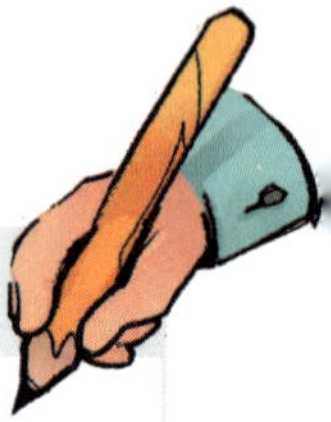

Wissen Sie noch, was Ihnen als Kind Angst gemacht hat und wie alt Sie damals waren?

Fallen Ihnen Parallelen auf zu den Ängsten und Entwicklungsstufen Ihres Kindes?

Warum ist die Angst vor der Dunkelheit so ausgeprägt?

Fast alle Kinder haben in bestimmten Phasen große Angst, im Dunkeln allein zu sein. Sie möchten in der Dämmerung nicht ohne uns von einer Verabredung zurück nach Hause laufen. Sie haben Mühe, abends alleine in ihrem Zimmer einzuschlafen, oder schrecken nachts hoch und suchen Schutz im Elternschlafzimmer. Sicher können wir uns erinnern, wie wir selber uns früher in der Dunkelheit gegruselt haben – oder merken, dass wir auch als Erwachsene schlechter schlafen, wenn unsere Partner verreist sind.

Auch hier hilft uns der Blick zurück in die frühe Geschichte der Menschen, um diese Ängste besser verstehen und annehmen zu können: Während Hunderttausenden von Jahren waren Menschen in der Dämmerung und im Dunkeln noch viel bedrohter als tagsüber. Denn zu dieser Zeit gingen und gehen noch heute alle großen Raubtiere auf die Jagd.

Menschen können im Dunkeln nur sehr schlecht sehen und sich im Gegensatz zu vielen Tieren kaum auf ihre anderen Sinne verlassen. Wer als Höhlenmensch nachts unbekümmert die sichere Höhle und Gemeinschaft verließ, der hatte schlechte Überlebenschancen. Daher pflanzten sich vor allem diejenigen Menschen fort, die sich im Dunkeln ängstlich zurückhielten – und so wurde diese evolutionär günstige Angst tief im Gehirn der Menschen verankert und an die Nachkommen weitergegeben. Sie prägt uns bis heute (Renz-Polster, 2019).

Als relativ schwache und schutzlose Art hätte der Mensch niemals ohne sein leistungsstarkes Gehirn überlebt. Tagsüber scannt dieses alle Sinneseindrücke danach ab, ob sich hinter ihnen potenzielle Gefahren für unser Überleben verbergen könnten. Da wir im Dunkeln nur noch sehr wenig eindeutig wahrnehmen können, versucht unser Gehirn dann aus eigener Kraft, die fehlenden Außeneindrücke zu ergänzen.

Neurobiologen vermuten, dass dies ein Grund dafür ist, warum wir nachts eine so lebhafte Fantasie haben. Selbst als Erwachsenen verschwimmen uns manchmal die Grenzen zwischen dem, was wir tagsüber klar wahrnehmen und einordnen können – wie etwa einem Knacken und der Bewegung unserer Büsche im Garten im Wind –, und dem, was unser Gehirn nachts dahinter befürchtet und hineininterpretiert.

Sogar mit unserem Wissen, dass sich mit großer Sicherheit kein gefährliches Tier in den Büschen verbergen wird, gehen wir lieber am Tag als nachts im Dunkeln zum Gartenschuppen. Unsere Kinder können den Warnungen des Gehirns mit ihrer geringeren Lebenserfahrung noch weniger entgegensetzen und sind daher für diese Interpretationen und Ängste noch viel anfälliger.

Ein zweiter Grund, warum nachts unsere Gedanken und damit auch Sorgen und Ängste frei und assoziativ auf Wanderschaft gehen, ist die mangelnde Auslastung des Gehirns zu dieser Zeit. Tagsüber muss es eine Vielzahl an Außenreizen verarbeiten und konkrete Aufgaben bewältigen. Wenn diese nachts wegfallen, übernehmen nach heutigem Forschungsstand verschiedene Ruhenetzwerke (Default Mode Networks DMN) die Regie in unserem Kopf und erlauben uns eine Innenschau (Raichle & Schnyder, 2007).

Im besten Fall kommen uns dann konstruktive neue Ideen. Viele wissenschaftliche, kreative und künstlerische Durchbrüche der Menschheitsgeschichte ereigneten sich nachts. Im ungünstigeren Fall nehmen wir jedoch aus dem vorangegangenen Tag unsere unbewältigten Ängste mit in die Nacht und kommen dann erst so richtig ins Grübeln, Hadern, Sich-Sorgen-Machen und Übertreiben.

Auch unseren Kindern passiert dies. Es ist einer der Gründe, warum sie am Abend immer wieder aus dem Bett aufstehen und mit uns über ihre Sorgen sprechen möchten. Oft hilft es, diese Befürchtungen aufzuschreiben oder zu malen, sie gemeinsam in einer Kiste zu verschließen und dort bis zum Morgen zu lassen, wenn man sie hervornehmen und im hellen Tageslicht anschauen kann.

Es gibt noch einen weiteren Grund, warum sich unsere Kinder abends immer wieder versichern, dass wir noch da sind: Das Einschlafen allein fällt ihnen schwer, wenn es ihnen an der Gewissheit mangelt „Ich darf mich beruhigt in den Schlaf gleiten lassen“. Beim Abtauchen in den Schlaf geben wir Kontrolle ab und müssen darauf vertrauen können, dass uns auch schlafend nichts passieren wird.

Wenn unsere Kinder schlafende Menschen sehen, ein Baby im Kinderwagen oder die Großeltern beim Mittagsschlaf, scheinen sie ihnen sehr schutzlos und verletzlich. Auch wenn wir selber einschlafen sollen, zucken wir manchmal wieder hoch und fragen uns, was alles passieren könnte, wenn wir schlafen. Wären wir Gefahren nicht völlig ausgeliefert und würden sie nicht rechtzeitig bemerken?

Vielen Kindern und Erwachsenen hilft es, das Phänomen „Schlaf“ besser zu verstehen. Wissenschaftler haben die Gehirne schlafender Menschen gründlich studiert und können uns beruhigen: Auch wenn wir tief schlafen, arbeiten unsere Augen und Ohren, unsere Nase, unser Tastsinn und unser Gehirn verlässlich weiter.

Was uns vertraut ist, weckt uns nicht auf. Im Gegenteil, wenn wir nachts die Straßenbahn vor dem Fenster oder den Partner beim Abwaschen summen hören, wenn wir die schummrigen Lichtkegel der Autos über unsere Zimmerdecke wandern sehen oder den frisch gewaschenen Bettbezug riechen, dann zeigen uns diese Eindrücke, auch wenn wir schlafen: Alles ist so, wie es sein soll – wir dürfen ruhig weiterschlafen.

Wenn aber etwas Unerwartetes geschieht, nehmen wir das auch im Schlaf mit unseren Sinnen wahr: Die Straßenbahn bremst quietschend, ein Glas fällt klirrend herunter, es riecht verbrannt oder jemand schaltet das helle Deckenlicht in unserem Zimmer an – davon werden wir blitzschnell hellwach!

Wir können uns also sicher darauf verlassen, dass wir auch im Schlaf geschützt sind. Wir würden es sofort bemerken, falls etwas Unerwartetes geschieht. Dies können wir auch mit Kindern besprechen.

Noch mehr als wissenschaftliche Einblicke hilft Kindern allerdings die ganz reale Nähe anderer Menschen, ihrer Geschwister und Eltern, und manchmal sogar ihrer Tiere. Denn evolutionär gesehen sind wir ganz eindeutig „Rudelschläfer"!

Kinder ebenso wie die meisten Erwachsenen schlafen nicht nur am liebsten, sondern auch messbar besser in der Nähe von anderen Menschen. Manchmal reicht es unseren Kindern, wenn die Zimmertür offen ist und sie hören, dass sie nicht allein sind. Mucksmäuschenstill muss es zu Hause nicht sein, damit Kinder gut einschlafen können – im Gegenteil! Manchmal reichen ihnen aber die vertrauten Geräusche und die offene Tür nicht. Viele Kinder wünschen sich, dass andere Menschen oder Tiere direkt bei ihnen sind.

Die Idee, dass jedes Kind in seinem eigenen Zimmer einschlafen und dort die ganze Nacht allein bleiben soll, ist nicht alt: Auch als die Steinzeit längst vorüber war, in der ein ganzer Clan zusammen in der Höhle schlief, waren die Wohnverhältnisse meist so beengt, dass die ganze Familie oder zumindest alle Kinder in einem Raum schliefen. Wahrscheinlich kennen dies noch heute viele Großeltern und sogar einige Eltern.

Auch heute ist es in vielen Ländern üblich, dass Kinder abends auf dem Schoß ihrer Verwandten oder auf dem Sofa einschlafen und dass die ganze Familie nachts in einem Raum ist. Viele Kinder dürfen nachts leise ins Elternschlafzimmer oder zu ihren Geschwistern gehen, wenn sie nicht allein wieder einschlafen können (Jenni et al., 2005).

Es lohnt sich daher, in der eigenen Familie das Gespräch zu führen und zu schauen: Wer braucht nachts was? Wer schläft wie, wann und wo am besten? Auch die Elternbedürfnisse nach ungestörtem Schlaf oder kinderfreier Zeit zählen. Oft eröffnen sich im Austausch kreative und flexible Lösungen, wie alle zu ihrer Nachtruhe kommen. So muss kein Kind erst große Ängste entwickeln, bevor es die nötige Nähe bekommt.

Schlafbedürfnisse und Arrangements ändern sich über die Zeit und sollten daher immer wieder überprüft werden. Vielleicht möchte das Kindergartenkind gern noch im Elternschlafzimmer sein. Als Schulkind ist es dann stolz, mit einem Geschwister in seinem Zimmer zu übernachten. Und spätestens als Jugendlicher möchte es sehr wahrscheinlich nachts ganz allein sein und seine Ruhe haben.

Ulrike erzählt

Immer neue Aufteilung unserer Schlafzimmer und Betten ...

Als ich schwanger war mit unserem ersten Kind, richtete ich ein schönes Babyzimmer ein: bunte Mobiles über dem Holzwickeltisch, ein geblümter Betthimmel über dem Bettchen, fröhliche Bilder an der Wand ... aber in diesem Zimmer schlief unser Sohn nicht ein einziges Mal! Alle unsere drei Kinder wollten nachts bis weit ins zweite Lebensjahr hinein mehrmals gestillt werden und weder ein- noch durchschlafen, ohne mich neben sich zu spüren. Also baute ich für die Babys ein sicheres Nest direkt ans Elternbett.

Als ich mit dem zweiten Kind schwanger war, wurde mir das nächtliche Stillen zu anstrengend. Mein Mann baute das Kinderzimmer so um, dass ein Kleinkinderbett neben seinem großen Bett stand. Dort, neben Papa – dessen Schnarchen alle Kinder so „beruhigend wie ein starker Brummelbär!“ fanden –, lernten sie schlafen ohne Mama und ohne gestillt zu werden. Und ganz ohne Tränen! Zeitweise schliefen dort zwei Kindergartenkinder plus Vater, während ich mich nebenan um unser drittes Baby kümmerte.

Als unser ältester Sohn in die Schule kam, wünschte er sich sehnlich „ein ganz eigenes Zimmer!“ Wieder richteten wir alles wunderschön ein – und stellten fest, dass er zwar tagsüber liebend gern dort spielte und am neuen Schreibtisch seine Hausaufgaben machte. Für die Nächte sprach er sich aber mit seiner drei Jahre jüngeren Schwester ab und zog in ihr Zimmer, wo zwei Kinderbetten über Eck nebeneinanderstanden. Dafür durfte Papa dort ausziehen. Allerdings bestanden die beiden auf einer Matratze, die wir am Fußende längs unten ans Elternbett legten und immer mit Laken, Bettdecke und Kissen ausstaffiert hielten. Manchmal fanden wir dort morgens niemanden vor, manchmal ein oder sogar zwei Kinder.

Mittlerweile schläft jedes Kind gern im eigenen Zimmer. Aber eine Höhle zu bauen, eine Pyjama-Party zu feiern und gemeinsam zu übernachten bei einem „Sleep-Over“, finden sie noch immer toll! Wenn heute ein Kind Mühe hat beim Einschlafen, hören wir es oft ganz leise zu einem Geschwister in dessen Zimmer schleichen, wo sie ihre Sorgen besprechen. Manchmal liegt dort morgens noch immer ein zweites Kind, eingerollt in seine Decke, auf dem Teppich. Oder wir finden am Morgen ein Kind eng an den Familienhund gekuschelt auf dem Sofa, „weil man sich bei ihm so sicher fühlt“.

Ich hätte nie gedacht, dass aus unseren Kindern, die als Babys und Kleinkinder so bedürftig nach Nähe waren, einmal so gute Schläfer würden. Aber sie respektieren heute das Bedürfnis ihrer Eltern nach Ruhe, Alleinsein und Durchschlafen nachts – es sei denn, sie sind wirklich krank oder von einem schlimmen Albtraum verschreckt. Für alle anderen Situationen und Bedürfnisse finden sie mittlerweile ganz eigenständige, kreative Lösungen ... und wir vermissen manchmal ihre Nähe abends und nachts!

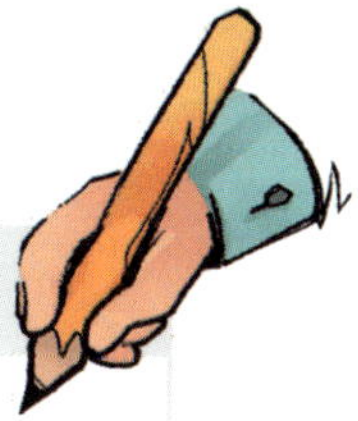

Zum Mitgestalten für Eltern: Wie schlafen Sie gerne?

Wenn Sie an Ihr Kinderzimmer zurückdenken: Wie haben Sie sich dort beim Einschlafen und nachts, wenn Sie einmal aufgewacht sind, gefühlt?

Wie sind Ihre Eltern damit umgegangen, wenn Sie abends oder nachts mehr Nähe brauchten? Was hätten Sie sich gewünscht?

Wie schlafen Sie heute am liebsten?

Was finden Sie heute für die Nachtruhe wichtig? Was ist absolut unverhandelbar und notwendig, damit Sie am nächsten Tag funktionieren? Was wäre wünschenswert? Wie geht es Ihrem Partner damit?

Zum Mitgestalten für Eltern: Wie schlafen Sie gerne?

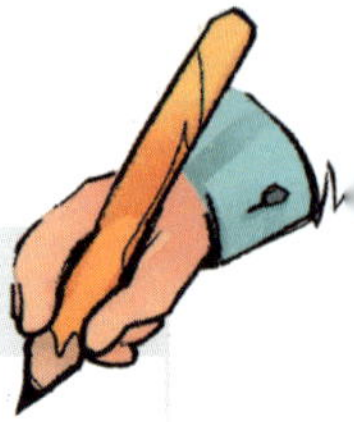

Sehen Sie sich einmal die Listen Ihres Kindes an. Was wünscht es sich fürs Einschlafen, was für die Nacht? Diskutieren Sie die Wünsche mit Ihrem Partner: Wo könnten Sie beide, wo könnte einer dem Kind entgegenkommen? Was für andere Möglichkeiten gäbe es, dem Kind mehr Nähe zu ermöglichen, falls es dies wünscht?

____

____

____

Stellen Sie sich einmal vor, Ihr Kind zieht von zu Hause aus in seine erste Wohnung und Sie blicken zurück auf die gemeinsamen Nächte. Was würden Sie sich wünschen, Ihrem Kind mitgegeben zu haben?

____

____

____

Das Wichtigste in Kürze:

- Die Angst im Dunkeln ist evolutionär sinnvoll und in uns Menschen tief verankert.
- In der Dämmerung und nachts neigt unser Gehirn aufgrund mangelnder Wahrnehmung und Auslastung dazu, vom Schlimmsten auszugehen, und unsere Fantasie läuft zu Hochtouren auf.
- Ruhig einschlafen zu können, fällt Kindern in einer vertrauten Umgebung leichter mit Eindrücken, die ihnen vermitteln: „Du bist hier geborgen und auch im Schlaf geschützt.“
- Die Nähe von Eltern, Geschwistern und Haustieren beruhigt ängstliche Kinder.
- Es hilft unseren Kindern, immer wieder besprechen und mitgestalten zu dürfen, wie sie schlafen und was sie tun können bei nächtlichen Ängsten.

Wann werden Ängste zum Problem?

Ein gesundes Maß an Angst und Vorsicht hilft uns, besonnen mit einer Situation umzugehen, die möglicherweise gefährlich ist. Werden unsere Ängste aber zu groß, dann fühlen wir uns überwältigt und können nicht mehr angemessen reagieren.

So zeugt es von einem sinnvollen Respekt, wenn unser Kind sich einem fremden Hund langsam nähert, sich beim Besitzer versichert, dass man ihn streicheln kann, und dem Hund genug Zeit lässt für ein gegenseitiges Beschnuppern. Problematisch wird es, wenn es bei der Begegnung mit einem Hund auf dem Schulweg umkehrt oder panisch auf die Straße rennt. Oder wenn es sich gar nicht mehr aus dem Haus traut.

Beim Hereinfinden in eine neue Gruppe kann es hilfreich sein, wenn Kinder vorsichtig ihre Antennen ausfahren und schauen, wie die anderen auf sie reagieren und mit wem man es sich nicht verscherzen sollte. Zu viel soziale Angst lähmt und hemmt jedoch und macht es dem Kind schwer, Zugang zu finden, neue Kontakte zu knüpfen oder sich im richtigen Moment durchzusetzen. Manche Kinder entwickeln mit der Zeit so große Angst vor Zurückweisung, dass sie Kontakt mit anderen Kindern lieber ganz vermeiden, um nicht enttäuscht zu werden.

An diesen Beispielen sehen wir: Zu starke Angst schränkt uns ein, blockiert uns und verhindert, dass wir uns mit bestimmten Situationen auseinandersetzen und an ihnen wachsen können. In diesem Fall ist unser Angstmonster schon zu groß geworden und wir sollten Wege finden, es zu zähmen. Die innere Haltung und die praktischen Ansätze, die wir in diesem Buch beschreiben, helfen Ihnen dabei.

Viele kleine und mitunter auch größere Ängste können innerhalb der Familie gut bewältigt werden. Manchmal werden sie jedoch so belastend, dass für Kind und Eltern eine Begleitung durch eine Kinderpsychotherapeutin, bzw. einen -therapeuten hilfreich ist.

Massive Ängste können das Leben eines Kindes und seiner Familie sehr stark einschränken und gehen oft nicht von alleine weg. Gleichzeitig lassen sich Ängste gut behandeln. Es lohnt sich also, eine Therapie oder Beratung in Anspruch zu nehmen, wenn ein Leidensdruck vorhanden ist und man alleine nicht weiterkommt. Im nächsten Kapitel erfahren Sie, ab wann man von einer Angststörung spricht, welche Angststörungen in der Kindheit und Jugend besonders häufig auftreten und wo Sie Hilfe finden.

Phobien und Angststörungen

Viele Ängste sind Teil einer normalen Entwicklung. Bei ca. 10 % der Kinder und Jugendlichen entwickeln sich jedoch Ängste, die so stark ausgeprägt sind, dass man von einer Störung spricht (vgl. Ravens-Sieberer et al., 2007).

Dabei ist der Übergang von einer normalen zu einer pathologischen Angst fließend. Von einer Angststörung sprechen Psychologen, wenn die Angst:

- in ihrer Intensität unangemessen und nicht altersentsprechend ist
- einen starken Leidensdruck beim Kind und/oder seiner Familie auslöst
- die weitere Entwicklung des Kindes hemmt
- zu starken Einschränkungen im Alltag führt
- und schon länger vorhanden ist und nicht abnimmt.

Solche starken Ängste führen beim Kind oft dazu, dass es die angstauslösende Situation um jeden Preis vermeiden möchte.

Bei Kindern im Schulalter kommt es dabei häufig zu einer Schulverweigerung. Dabei steht die Schule eher selten im Zentrum der Befürchtungen, sondern eher soziale Ängste, eine Trennungsangst oder (bei Jugendlichen) eine Panikstörung.

In diesem Kapitel beschreiben wir kurz die häufigsten Ängste im Kindes- und Jugendalter und deren zentrale Befürchtungen.

Trennungsangst

Kinder mit einer Trennungsangst fürchten sich übermäßig stark davor, von ihren Eltern getrennt zu werden. Betroffene Kinder quält die Sorge, dass den Eltern oder ihnen selbst etwas zustoßen könnte, wenn sie von ihren Eltern getrennt sind.

Aus diesem Grund leiden diese Kinder sehr stark unter Trennungen. Sie versuchen diese mit aller Macht zu vermeiden – beispielsweise indem sie weinen, aggressiv reagieren oder körperliche Symptome wie Bauchweh oder Übelkeit zeigen, wenn eine Trennung bevorsteht.

Oft nehmen Eltern fälschlicherweise an, das Kind fürchte sich davor, zur Schule zu gehen. Hier hilft es, sich zu überlegen, ob das Kind ausschließlich den Schulbesuch vermeiden möchte oder ob es auch andere Situationen vermeidet, in denen es von den Eltern getrennt ist, wie etwa bei einer Freundin zu übernachten. Manche Kinder mit Trennungsängsten lassen ihre Eltern kaum aus den Augen und folgen ihnen auch zu Hause auf Schritt und Tritt.

Phobien

Phobien sind unangemessene und starke Ängste, die durch spezifische Situationen oder Objekte ausgelöst werden. Zu den bekanntesten gehören die Tierphobien (besonders vor Hunden, Schlangen und Spinnen), vor Höhen, engen Räumen, Blut bzw. Spritzen und Naturkatastrophen. Einige Phobien lassen sich als typische Kindheitsängste beschreiben, die jedoch intensiv und dauerhaft auftreten und das Kind in seiner Entwicklung hemmen.

Ob eine Phobie problematisch ist, hängt immer auch damit zusammen, wir stark sie das Kind einschränkt. Eine Schlangenphobie beispielsweise wird in Europa kaum zum Problem, da es hier nur sehr selten zu Begegnungen mit Schlangen kommt. Eine Spinnenphobie kann jedoch dazu führen, dass das Kind das Haus nicht mehr verlässt, um keine Begegnung mit einer Spinne zu riskieren.

Generalisierte Angststörung

Kinder und Jugendliche mit einer generalisierten Angststörung leiden unter ausgeprägten und unangemessenen Sorgen – meist in vielen Lebensbereichen. Sie denken beispielsweise ständig darüber nach, ob sie etwas Falsches gesagt oder einen Fehler gemacht haben, in der Schule – trotz guter Noten – nicht gut genug sind, nicht genügend Freunde haben oder zu spät kommen könnten.

Oft neigen sie dazu, sich Rückversicherungen einzuholen: „Gell, wir kommen nicht zu spät? Wir kommen ganz sicher nicht zu spät?" – sodass sich die Eltern gezwungen sehen, das Kind ständig zu beruhigen. Diese Rückversicherungen wirken jedoch nur sehr kurzfristig und verstärken langfristig die Sorgen.

Bei Kindern mit einer generalisierten Angststörung finden sich meist einige Auffälligkeiten in ihrem Denken. So überschätzen sie oft die Schwierigkeit einer Situation, befürchten ernsthafte Konsequenzen und unterschätzen ihre Möglichkeiten.

Oft wirken diese Kinder ernst und betrübt und verfügen über wenig Selbstvertrauen und ein geringes Selbstwertgefühl. Als weitere Symptome können Ruhelosigkeit, Schlafstörungen, Müdigkeit bis hin zur Erschöpfung, Reizbarkeit und Konzentrationsprobleme hinzukommen.

Soziale Ängstlichkeit

Kinder mit sozialen Ängsten fürchten sich übermäßig davor:

- sich vor anderen zu blamieren
- von anderen zurückgewiesen zu werden bzw. keinen Anschluss zu finden
- in sozialen Situationen „Fehler" zu machen, zu erröten oder nervös zu wirken
- kritisiert zu werden.

Kinder mit sozialen Ängsten leiden oft stark unter ihren Ängsten. Sie trauen sich nicht, sich im Unterricht zu melden, können sich schlecht in Gruppen integrieren, finden nur schwer Anschluss und Freundschaften, fühlen sich gehemmt, wenn sie in der Schule im Fokus stehen (zum Beispiel bei einem Referat). Oft reden sie nur wenig und leise, vermeiden Blickkontakt, haben wenig Selbstvertrauen und fühlen sich anderen gegenüber unterlegen.

Prüfungsängste

Kinder mit sozialen Ängsten leiden oft besonders unter Situationen, in denen ihre Leistungen durch andere bewertet werden. Situationen wie einen Vortrag halten zu müssen, vor der Klasse abgefragt zu werden oder Prüfungen lösen daher massiven Stress aus – besonders, wenn viele Personen von der Leistung erfahren und Prüfungsresultate beispielsweise in der Klasse diskutiert und verglichen werden.

Es gibt aber auch Kinder und Jugendliche, die ausschließlich Leistungsängste haben. Sie fürchten sich davor, den Ansprüchen nicht zu genügen, die andere oder sie selbst an sich stellen. Eine zentrale Befürchtung besteht darin, als „Versager" gesehen zu werden oder sich selbst als solcher zu fühlen.

Die Prüfungsängste führen oft zu einem rigiden Lernverhalten, das mit Gedanken einhergeht wie „Ich muss alles wissen!" oder „Die Lehrerin fragt immer das, was ich nicht gelernt habe". Ungenügende Leistungen werden als Katastrophe interpretiert. Die Kinder denken: „Alle würden mich auslachen!", „Meine Eltern würden ausflippen, wenn ich eine ungenügende Note schreibe ..." und „Ich wäre der totale Versager, wenn ich das nicht schaffe!". Oft leiden diese Kinder und Jugendlichen unter starken Selbstzweifeln, was die eigene Leistungsfähigkeit betrifft, und nehmen an, dass das Lernen allen anderen viel leichter fällt.

Es lohnt sich, Hilfe in Anspruch zu nehmen!

Hat sich bei Ihrem Kind eine Angststörung entwickelt, raten wir Ihnen aus zwei Gründen unbedingt dazu, sich Hilfe bei einer Psychotherapeutin bzw. einem -therapeuten zu holen.

Zum einen müssen Angststörungen ernst genommen werden: Starke Ängste können das Leben eines Kindes zunehmend dominieren und sehr viel Leid bewirken. Dabei sieht man ohne Behandlung oft einen chronischen Verlauf, bei dem die Angst das Kind immer stärker im Griff hat. Oft kommen weitere Angststörungen und andere Störungen wie Depressionen hinzu, wenn nichts unternommen wird.

Zum anderen sind Angststörungen gut behandelbar: Es gibt mittlerweile sehr effektive Therapien gegen Ängste. Dabei hat sich in wissenschaftlichen Studien vor allem die kognitive Verhaltenstherapie als wirksam erwiesen (In-Albon & Schneider, 2007). Aber auch andere Verfahren versprechen Erfolge. Dabei gilt: Je früher mit der Behandlung begonnen wird, desto besser die Erfolgschancen.

Zum Mitgestalten für Eltern: Welche Ängste hemmen Ihr Kind?

Denken Sie an die letzten Wochen oder Monate zurück. Gibt es im Leben Ihres Kindes starke Ängste, unter denen es massiv leidet und die es einschränken?

Wie genau zeigt sich dies? Was für Probleme ergeben sich daraus für den Alltag Ihres Kindes in Schule und Familie?

Gibt es Ängste, für die Sie psychologische Hilfe in Anspruch nehmen möchten? Was wären die nächsten Schritte, um diese zu organisieren?

Kinder sind von Natur aus unterschiedlich ängstlich

Schauen wir uns als Eltern auf dem Spielplatz um, sehen wir, wie unterschiedlich Kinder sind. Manche sind furchtlose Draufgänger: Sie haben dauernd aufgeschlagene Knie, brechen sich auch mal ein Bein, wenn sie von einem Baum fallen, und klettern trotzdem wieder hoch, sobald der Gips ab ist. Die Eltern fragen sich: „Was muss denn noch passieren, damit mein Kind etwas daraus lernt?"

Andere Kinder sind schon früh sehr vorsichtig, beobachten andere Kinder erst mal in Ruhe und tasten sich selbst sehr langsam an neue Situationen heran. Sie sehen viele Gefahren und fragen immer wieder, was in dieser oder jener Situation alles passieren könnte. Dann wünscht man sich als Eltern vielleicht eher, dass das eigene Kind etwas mutiger und forscher ist.

Wenn wir uns als Eltern fragen, woher diese Temperamentsunterschiede kommen, nähern wir uns einer Frage, die auch unter Wissenschaftlern heiß diskutiert wird: Wie viele der Verhaltensunterschiede sind Veranlagung und wie viele sind auf Sozialisation zurückzuführen? Heute gehen die meisten Wissenschaftler davon aus, dass es zwischen beiden Faktoren ein komplexes Zusammenspiel gibt.

Dabei scheint das angeborene Temperament bei Ängsten eine wichtige Rolle zu spielen. Harvard-Professor Jerome Kagan, der früher ein eiserner Verfechter der Sozialisationstheorie war, sagte dazu in einem Interview: „Ich habe mich mit Händen und Füssen dagegen gewehrt, wurde aber von meinen Daten dazu gezwungen, anzuerkennen, dass das angeborene Temperament stärker ist, als ich es glaubte und noch heute gerne glauben würde." (zitiert nach Gallagher, 1994).

Einblick in die Forschung

Im „Laboratory for Child Development“ der Harvard University setzten Professor Jerome Kagan und sein Team 500 Säuglinge neuen Eindrücken aus: Die Babys bekamen Stimmen vorgespielt, hörten Luftballons platzen, sahen bunte Mobiles tanzen und rochen an alkoholgetränkten Wattestäbchen. Sie reagierten sehr unterschiedlich auf die unbekannten Reize: Etwa 20 % schrien laut und strampelten heftig mit den Armen und Beinen; die Wissenschaftler nannten diese Säuglinge „hochreaktiv“. Ungefähr 40 % bewegten sich nur ab und zu und blieben ansonsten ruhig. Die übrigen 40 % lagen im Mittelfeld (vgl. Kagan & Snidman, 2009).

Die Wissenschaftler schauten jedoch nicht nur auf das Verhalten, sondern maßen auch Puls, Blutdruck, Fingertemperatur und den Spiegel des Stresshormons Kortisol. Die hochreaktiven Säuglinge zeigten auch bei diesen inneren Anzeichen, dass ihr Nervensystem besonders erregt und damit sensibel für Umweltreize war. Wie Sie bereits erfahren haben, filtert im menschlichen Gehirn die Amygdala alle eingehenden Sinnesreize, um ungewohnte oder bedrohliche Situationen aufzuspüren und eine schnelle Reaktion des Körpers zu veranlassen. Professor Kagan stellte die Hypothese auf, dass die Amygdala der hochreaktiven Babys besonders stark auf die Wahrnehmung beängstigender Dinge reagiert.

Viele der Babys, die an der Studie teilgenommen hatten, konnten im Alter von zwei, vier und elf Jahren wieder untersucht werden. Den Zweijährigen wurde ein kostümierter Clown, ein ferngesteuerter Roboter und eine Frau mit Gasmaske und Laborkittel vorgeführt. Mit sieben Jahren sollten sie mit Kindern spielen, die sie nicht kannten. Und als sie elf waren, fragte sie ein ihnen fremder Erwachsener über ihr Leben aus. Die Reaktionen der Kinder blieben erstaunlich stabil: Wer als Säugling schon hochreaktiv war, reagierte auch als älteres Kind deutlich gestresster, zurückhaltender und ängstlicher.

Die hochreaktiven Kinder wurden von einer Mitarbeiterin Kagans auch zwischen den Laborexperimenten in ihrem Zuhause besucht. Sie beobachtete, dass sich diejenigen Zweijährigen am wenigsten ängstlich verhielten, die von ihren Eltern nicht zu sehr behütet, sondern sanft, aber beharrlich ermuntert wurden, neue Erfahrungen zu sammeln. Waren die Eltern hingegen ungeduldig oder kritisch, wurden die ängstlichen Kinder noch unsicherer.

Von Professor Kagans Nachfolgern und Teams werden die Langzeitstudien bis heute weitergeführt. Die Wissenschaftler kommen zu dem Schluss, dass sich am Verhalten eines Säuglings bereits erkennen lässt, ob sich jemand als Erwachsener eher draufgängerisch verhalten oder mit Ängsten reagieren wird. Angeborene Ängstlichkeit, so die Erkenntnis der Forscher, ist ein erstaunlich stabiles Persönlichkeitsmerkmal mit erheblichen Auswirkungen auf das gesamte Leben.

Für uns Eltern kann diese Botschaft eine Entlastung sein: Unsere Kinder kommen nicht als unbeschriebenes Blatt zur Welt – wir haben nicht alles in der Hand und können sie nicht nach unserem Willen formen. Wir können sie nur mit dem annehmen, was sie mitbringen, und sie bestmöglich begleiten.

Kagans Untersuchungen zeigen: Es gibt Kinder, die auf unbekannte Situationen besonders stark mit Stress und Ängsten reagieren. Thomas Boyce (2019), Professor für Pädiatrie, beschreibt diese Kinder als „Orchideenkinder“: Im Gegensatz zu den robusten „Löwenzahnkindern“, die sich auch unter eher schwierigen Bedingungen gut entwickeln können, seien Orchideenkinder in besonderem Maße auf Eltern angewiesen, die sie einfühlsam und verlässlich unterstützen.

Für Eltern sensibler Kinder ist es eine anspruchsvolle Aufgabe, die richtige Balance zu finden: Einerseits müssen auch diese Kinder Gelegenheit erhalten, sich mit ihren Ängsten auseinanderzusetzen und dabei die Erfahrung zu machen, dass sie diese überwinden können. Ängstlichen Kindern alle Schwierigkeiten zu ersparen, hilft ihnen längerfristig nicht. Auf der anderen Seite ist es bei diesen Kindern besonders wichtig, sie nicht zu überfordern oder mit ihren Ängsten alleinzulassen, sondern sie in kleinen, gut begleiteten Schritten an schwierige Situationen heranzuführen (vgl. Cain, 2013).

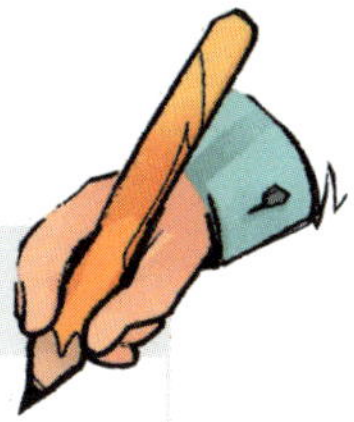

Zum Mitgestalten für Eltern: Wie würden Sie das Temperament Ihres Kindes beschreiben?

Denken Sie einmal an die Baby- und Kleinkindzeit Ihres Kindes zurück. Vielleicht mögen Sie die Erinnerungen mit einem Fotoalbum wachrufen. Wie hat Ihr Kind auf unbekannte Eindrücke reagiert? Gab es Situationen, die ihm besonders schwerfielen?

Wie geht Ihr Kind heute mit Situationen um, die ungewohnt sind, wie einem Gespräch mit Menschen, die es nicht kennt, einem Lehrerwechsel oder Umzug?

Gab es Momente, in denen Ihr Kind sich mit kleinen Schritten einer neuen Herausforderung nähern konnte? War dies hilfreich für Ihr Kind?

Gab es andere Situationen, in denen Ihr Kind ins kalte Wasser geworfen wurde und sich sehr rasch an etwas Neues anpassen musste? Wie hat es darauf reagiert?

Helfen Sie Ihrem Kind, die Angst anzunehmen

„If you name it, you tame it“ (wenn du es benennst, dann zähmst du es) lautet ein englischsprachiges Sprichwort. Darin steckt viel Wahrheit. Wenn es uns gelingt, unsere Gefühle wahrzunehmen und in Worte zu fassen, kommen wir uns selbst näher und lernen, mit ihnen umzugehen. Das Benennen eines Gefühls alleine hat bereits einen positiven Effekt.

Wenn wir unsere Gefühle zum Ausdruck bringen („Ich bin wütend!“, „Das macht mir Angst“), lassen sich Veränderungen in der Aktivierung unseres Gehirns nachweisen. Dabei beruhigt sich die Amygdala, während die Aktivität im präfrontalen Kortex zunimmt. Das bedeutet: Der Teil des Gehirns, der vor allem bei intensiven, unangenehmen Gefühlen feuert, beruhigt sich, während der Teil, der für das bewusste Denken zuständig ist, aktiver wird. Damit gewinnen wir die nötige Distanz zu unseren Gefühlen und können besser beeinflussen, wie wir mit ihnen umgehen wollen.

Noch hilfreicher, als seine Gefühle lediglich zu benennen, ist es, eine akzeptierende Haltung ihnen gegenüber einzunehmen. Wenn wir unsere Angst begrüßen und ihr einen Platz einräumen, zum Beispiel mit den Worten oder dem Gedanken „Ich habe Angst, das ist okay, ich darf nervös sein“, nehmen wir ihr die Spitze: Körper und Geist beruhigen sich, wenn wir das Gefühl zulassen und annehmen.

Vielen Eltern fällt es schwer, Ängsten ihrer Kinder mit einer akzeptierenden Haltung zu begegnen. Sie befürchten, diese noch zu verstärken, wenn sie darüber sprechen. Da sie dem Kind unangenehme Gefühle ersparen möchten, reagieren sie stattdessen mit Sätzen wie „Davor brauchst du doch keine Angst zu haben!“ oder „Mach dir keine Sorgen!“, oder sie beginnen Gefühle zu rationalisieren, wenn das Kind eigene Befürchtungen anspricht.

Das hilft dem Kind nicht, denn es kann seine Gefühle nicht abstellen. Oft lernen Kinder dadurch nur, dass ihre Eltern sie nicht verstehen. In der Folge sprechen sie weniger über ihre Gefühle und fühlen sich damit alleingelassen.

Ulrike erzählt

Rationalisieren hilft nicht gegen Angst!

In meiner Familie wurde viel Wert auf Wissenschaftlichkeit und Logik gelegt. Das half mir beim Lernen auf Prüfungen sehr, beim Ängste-Überwinden leider gar nicht. Vielleicht kann man wissenschaftlich herleiten, dass es keine Gespenster gibt oder dass in mein Zimmer im ersten Stock niemand einbrechen würde. Vielleicht lassen sich rein rational viele gute Gründe dafür finden, warum ich als Kind darüber keinen Schlaf verlieren sollte. Vielleicht kann man morgens sogar einwandfrei beweisen, dass in der Nacht wieder einmal kein Gespenst oder Einbrecher da gewesen waren. Meine Angst als Kind war aber viel hartnäckiger als die Wissenschaft! Und wenn zu viel rationalisiert wurde, fühlte ich mich eher überrollt und alleingelassen als verstanden und beruhigt ...

Wenn Eltern ihren Kindern dabei helfen, auch schwierige Gefühle in Worte zu fassen, fühlen sich Kinder weniger einsam. Sie dürfen erleben, dass andere Ähnliches erleben, sich in sie einfühlen und sie verstehen können. Indem die Eltern vorleben, dass man sich Unangenehmem zuwenden, Angst haben und darüber sprechen kann, gelingt es den Kindern besser, ihre eigenen Ängste anzunehmen.

Im Kinder-Teil finden sich viele Seiten, in denen Ihr Kind seine Ängste zeichnen oder beschreiben kann. Auch solche Ausdrucksformen machen Ängste fassbar und helfen bei der Bewältigung.

Wenn sich Ihr Kind mit einer Angst auseinandersetzt, könnten Sie mit ihm besprechen, auf welche Weise es diese beschreiben möchte. Das könnte ein Tagebucheintrag, ein Brief an die Großeltern, eine Zeichnung, eine Collage oder eine Arbeit mit Knete oder Ton sein. Ältere Kinder und Jugendliche können ihren Ängsten auch mit der Methode des Expressiven Schreibens zu Leibe rücken.

Einblick in die Forschung

Bei der Methode des Expressiven Schreibens schreiben Versuchspersonen einige Minuten lang über belastende Gefühle. Dabei stellt man den Wecker auf 10 Minuten und schreibt dann einfach drauflos, indem man assoziativ alles niederschreibt, was einen bedrückt. Wie viele Untersuchungen zeigen, nehmen dadurch die negativen Gefühle während des Schreibens zu – bald danach nehmen die Versuchspersonen jedoch eine deutliche Erleichterung wahr. Bei jüngeren Kindern, die noch nicht schreiben können, hat es ähnliche Effekte, wenn sie ihre Gefühle in Form von Zeichnungen ausdrücken oder jemandem erzählen können, der ihnen aufmerksam zuhört (vgl. Pennebaker & Smyth, 2016).

Zum Mitgestalten für Eltern:

Vielleicht möchten Sie als Mutter oder Vater das Expressive Schreiben für Ihre eigenen Sorgen und Ängste ausprobieren? Suchen Sie sich dazu einen ruhigen Ort und bereiten Sie entweder Stift und Papier oder Ihren Laptop vor.

1. Denken Sie an das, was Sie momentan am stärksten belastet, und lassen Sie alle damit verbundenen Gedanken und Gefühle in sich aufsteigen.
2. Schreiben Sie 10 bis 15 Minuten lang einfach drauflos, ohne auf Rechtschreibung, Grammatik oder eine logische Struktur zu achten. Lassen Sie alle Assoziationen direkt aufs Papier fließen. Es gibt kein Falsch oder Richtig, Sie können das Blatt danach vernichten oder die Datei löschen. Wenn Ihnen zwischendurch nichts mehr einfällt, können Sie auch ein paar Doodles malen oder Punkte setzen, bis sich neue Gedanken und Gefühle aufdrängen.
3. Wiederholen Sie das Expressive Schreiben für einige Tage und achten Sie darauf, was passiert. Oft bemerkt man relativ rasch, dass sich die Sorgen abschwächen oder im Alltag seltener auftauchen. Manchmal findet man – indem man sich den Problemen zuwendet – auch sinnvolle Lösungen.

Das Wichtigste in Kürze

Ängste werden kleiner, wenn das Kind erlebt, dass seine Eltern:

- es ermutigen, darüber zu sprechen
- gemeinsam mit ihm erkunden, was es fühlt, und ihm dabei helfen, dies auszudrücken
- mit ihm nachspüren, was diese Gefühle ausgelöst hat
- ruhig bleiben und Zuversicht ausstrahlen, dass das Kind mit seinen Ängsten umgehen kann.

Ängste werden hingegen größer, wenn das Kind erlebt, dass seine Eltern:

- gestresst reagieren, wenn es über seine Gefühle spricht
- widersprechen und dem Kind seine Ängste in Abrede stellen
- rationalisieren und ihm sagen, wie es sich stattdessen fühlen soll
- mit eigenen unbewältigten Ängsten und Sorgen kämpfen.

Praktizieren Sie gemeinsam mit Ihrem Kind das bewusste Entspannen

Zu lernen, sich körperlich bewusst zu entspannen, hilft uns auf zweierlei Weise, mit unseren Ängsten umzugehen:

Zum einen erlaubt es uns, eine akute Angstwelle besser „auszureiten“. Besonders die Atmung hat einen schnellen und starken Einfluss auf unsere Anspannung im Körper. Wenn uns angsteinflößende Eindrücke oder Gedanken gerade fest im Griff haben, denken wir nicht mehr klar, atmen reflexhaft schneller und flacher. So aber können wir unsere Angst nicht loslassen.

Konzentrieren wir uns dagegen auf unseren Atem, atmen tief und bewusst ein, bis in unseren Bauch hinein, und dann lange wieder aus, sendet dies das Signal „Entspannen!“ an all unsere Körperfunktionen. Unser Denken wird wieder zielführender, wir können mit der angstbesetzten Situation besser umgehen und aus ihr herausfinden.

Zum anderen ermöglicht uns das regelmäßige Praktizieren von Entspannungsübungen und -ritualen, nicht in einen dauerhaften Zustand der inneren Anspannung zu geraten. Unsere Körper sind so konstruiert, dass sie mit immer wiederkehrenden kleinen und großen Angstwellen gut umgehen können – allerdings nur so lange, wie zwischen ihnen längere, tiefe Wellentäler der Entspannung liegen!

Alle bewusst gestalteten, regelmäßig ausgeübten Praktiken, um sich zu entspannen, senken die „Baseline“ unseres inneren Stressniveaus und unserer Erregbarkeit. Gelingt es uns, immer wieder und dauerhafter in einen entspannteren Zustand zu kommen, können wir auch akute Angstwellen besser bewältigen.

Es wirkt angstlindernd für unsere Kindern, wenn wir ihnen helfen, die Atem- und Visualisierungsübungen ab Seite 54 im Kinder-Teil regelmäßig zu praktizieren. Mit genügend Übung können die Kinder diese bei einer akuten Angstattacke selbstständig, unkompliziert und unauffällig (falls sie sich in einer Gruppe befinden) ausüben. Die Erfahrung, sich selbst beruhigen zu können, gibt ihnen ein starkes Gefühl der Selbstwirksamkeit und ermutigt sie, sich auch weiterhin Angstauslösern in kleinen Schritten zu stellen.

Zusätzlich zu den Übungen im Kinder-Teil können sich die Kinder auch zusammen mit uns Eltern entspannen. Viele genießen es, innerlich zur Ruhe zu kommen mit

- einer Massage von verspannten Schultern und Rücken, beim Kneten von Druckpunkten an Füßen oder Händen
- ätherischen Ölen, die auf Kissen getropft, mit einer Duftlampe verströmt oder beim Massieren verwendet werden

- warmen Getränken wie Kamillen- oder Melissentee, Kakao oder Milch mit Honig
- Entspannungsbädern
- beruhigender Musik oder geführten Kindermeditationen, durch die Eltern vorgelesen oder auf CD
- langsamem und bewusstem Barfußlaufen als Geh-Meditation
- Kuscheln mit Eltern oder Tieren
- dem Berühren eines Stressballs, Knete oder eines Talismans
- dem beruhigenden Druck einer Gewichtsdecke, eines schweren Kissens oder Kuscheltiers.

Ebenso hilfreich ist es für ängstliche Kinder, wenn wir uns als Eltern bemühen, Druck und Ansprüche, Terminstress, Spannungen und Konflikte in unserem Familienleben möglichst konsequent zu reduzieren. Denn dauerhafter Stress vermindert die Fähigkeit, sich selbst zu beschwichtigen, die unsere Kinder ja gerade erst lernen.

Bewusst nach regelmäßigen Möglichkeiten zu suchen, sich als Familie zu entspannen, beruhigende Rituale zu praktizieren und ein Familienklima der Akzeptanz und Geborgenheit zu schaffen, wirkt daher auch angstlindernd. Kleine, aber machbare Veränderungen bringen oft mehr, als sich mit dem Ziel der Entspannung zu überfordern.

Möglich wären:
- sanfte Einstiege in den Tag und Ausklingenlassen mit genügend Zeit zum gemütlichen Essen, Kuscheln, Singen
- sich einigen auf Obergrenzen für die Anzahl von Terminen, Verpflichtungen, Besuchen und Verabredungen pro Woche
- Schaffen von freien Zeiten, beispielsweise keinen Terminen am Samstag
- gemeinsames Meditieren, zu Hause, unter einem Lieblingsbaum oder vor einer Kerze
- Familien-Yoga oder progressive Muskelentspannung
- Spaziergänge im Wald mit allen Sinnen (Waldbaden) oder am Abend zum Herunterfahren
- ruhige Musik selbst praktizieren oder hören.

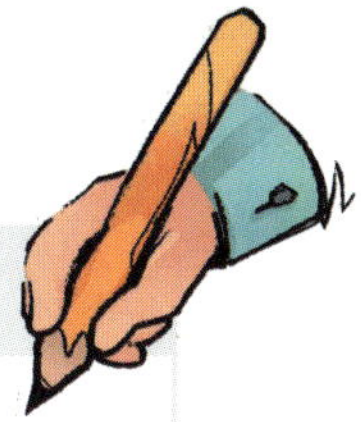

Zum Mitgestalten für Eltern:

Lesen Sie einmal die Entspannungsübungen auf Seite 54 mit Ihrem Kind durch und probieren Sie diese gemeinsam aus. Sind diese hilfreich für Ihr Kind? Gibt es eine Übung, die es besonders gerne mag?

____

____

Gibt es weitere Entspannungsübungen, die Sie oder Ihr Kind schon kennen und mögen?

____

Mögen Sie für Ihr Kind einen „Werkzeugkasten" gestalten mit Lieblingsübungen, die es selbstständig machen kann? Für größere Kinder könnten Sie diese aufschreiben, für kleinere Kinder malen oder sprechen.

____

Finden Sie wiederkehrende Momente im Leben Ihres Kindes (zum Beispiel vor dem Schlafengehen, vor einer Feier oder Prüfung), in denen diese Übungen hilfreich sind? Wie und wann genau könnten Sie diese zu einem neuen kleinen Ritual werden lassen oder in bestehende Abläufe einbauen?

____

Wann wird es in Ihrem Familienleben besonders hektisch oder angespannt? Wie reagiert Ihr Kind darauf? Was gibt es für Möglichkeiten, den Stress dauerhaft zu reduzieren?

____

____

Möchten Sie als Familie lernen, sich bewusst und gemeinsam zu entspannen? Welche ersten kleinen Schritte und Ziele wollen Sie dabei umsetzen?

____

Schenken wir unseren Kindern Geborgenheit

Das Erste, was wir unserem Kind in seiner Entwicklung mitgeben können, damit es sich sicher fühlt und weniger dazu neigt, Ängste zu entwickeln, ist eine sichere Bindung und ein gesundes Urvertrauen (vgl. Miller & Commons, 2010).

Säuglinge, aber auch Kinder, entwickeln ein grundlegendes Gefühl von Sicherheit und Geborgenheit, wenn sie die Erfahrung machen dürfen, dass ihre Eltern feinfühlig auf ihre Bedürfnisse eingehen.

Dies ist der Fall, wenn Kinder verlässlich erleben dürfen: Wenn ich ...

- weine, dann kommt jemand
- Nähe brauche, ist jemand da
- Hunger oder Durst habe, bekomme ich zu trinken oder etwas zu essen
- traurig bin oder Schmerzen habe, werde ich getröstet
- etwas erzählen möchte, nehmen sich meine Eltern Zeit und hören mir zu
- über meine Gefühle spreche, helfen mir meine Bezugspersonen, diese auszudrücken und einzuordnen.

Mehrere Untersuchungen zeigen, dass sicher gebundene Kinder langfristig besser mit ihren Ängsten umgehen können. Sie wissen, dass jemand da ist, wenn sie Angst haben, sie diese ausdrücken dürfen und ihre Bezugspersonen sie durch die Angst hindurch begleiten werden.

Manchmal sind Eltern stolz, weil ihre Kinder scheinbar keine Angst zeigen, schon früh sehr selbstständig wirken und beispielsweise keine Schwierigkeiten damit zu haben scheinen, sich beim Eintritt in neue Betreuungsstrukturen von den Eltern zu lösen. Das kann aber auch ein Hinweis auf eine unsichere Bindung sein.

Denn manche Kinder lernen, dass ihre Eltern nicht auf ihre Gefühle reagieren. Mit der Zeit geben sie es auf, Hilfe bei ihren Eltern zu suchen, und versuchen sich selbst zu beruhigen. Dies gelingt ihnen jedoch nicht: Die Kinder wirken äußerlich ruhig, sind aber – wie Untersuchungen des Cortisolspiegels zeigen – massiv gestresst (vgl. Brisch, 2016). Sicher gebundene Kinder dagegen, die Zeit hatten, sich an eine neue Betreuungssituation und Abschied von den Eltern zu gewöhnen, scheinen nicht nur äußerlich ruhig, sondern sind es auch innerlich, wie an ihren Stresshormonen gezeigt werden kann.

Geborgenheit ist auch in späteren Lebensphasen wichtig, wenn sich die Kinder mehr im Außen bewegen, verstärkt den Kontakt zu Gleichaltrigen suchen und mehr Zeit in der Schule und mit Freunden verbringen als mit den Eltern. Gerade dann wirkt es stabilisierend, wenn sie die Familie als sicheren Hafen und Ort erleben dürfen, der Halt vermittelt, Sicherheit spendet und an dem sie Kraft tanken können.

Ulrike erzählt

Ein Stück Papa oder Mama zum Mitnehmen

Nicht immer können wir Eltern physisch präsent sein und unseren Kindern die Geborgenheit geben, die sie brauchen. Manchmal lassen sich aber Wege finden, wie sie das Gefühl der Geborgenheit, das sie mit uns assoziieren, mitnehmen können. So half unseren Kindern das große, weiche, nach Papa riechende T-Shirt immer wieder zuverlässig bei der Angst, in fremden Betten einzuschlafen. „Darin kann ich mich so richtig einkuscheln – und es ist viel besser als eine Rüstung“, meinte unser Sohn. Auch mein kleiner silberner Glücksklee-Anhänger, den ich jeden Tag um den Hals trage, hat schon oft als Mutmacher gedient. „Wenn ich deine Kette beim Vorspiel in der Musikschule anhabe, bist du irgendwie da vorne am Klavier bei mir, Mama ... sogar, wenn du eigentlich ganz hinten in den Stuhlreihen sitzt!“, fand unsere Tochter.

Je älter Kinder werden, desto mehr merken sie, dass man sich Anerkennung und Zuneigung ein Stück weit verdienen muss – durch gute Noten, gutes Aussehen, sportliche Erfolge, Coolness oder indem man sich bestimmten Gruppennormen anpasst. Es ist ungemein wertvoll und angstlindernd, wenn wir unseren Kindern zeigen können: „Ich nehme dich so an, wie du bist. Meine Liebe ist ein Geschenk, das du dir nicht verdienen musst.“

Einblick in die Forschung

Wie hilfreich das ist, zeigt eine Studie aus den Niederlanden (Brummelman et al., 2014). Das Forscherteam bat eine Gruppe von Jugendlichen im Alter zwischen 11 und 15 Jahren, drei Wochen vor dem Zwischenzeugnis an Menschen zu denken, „die sie immer akzeptieren und wertschätzen – unabhängig davon, wie man sich verhält oder wie gut man in etwas ist“. Zudem sollten sie sich eine konkrete Situation in Erinnerung rufen, in der sie sich von anderen angenommen und wertgeschätzt fühlten, obwohl sie Fehler gemacht hatten. Als die Jugendlichen ihre Zwischenzeugnisse bekamen, geschah etwas Erstaunliches: Obwohl die Übung lediglich 15 Minuten dauerte, reduzierte sie wirksam Gefühle von Scham, Hilflosigkeit und Unsicherheit bei den Jugendlichen, die schlechte Noten erhielten.

Zum Mitgestalten für Eltern: Momente der Geborgenheit schaffen

Vielleicht mögen Sie einmal nachspüren, was Geborgenheit für Sie selbst als Kind bedeutet hat:
Wie hat sich in Ihrer Kindheit das Gefühl, geborgen, umsorgt, getragen und geschützt zu sein, für Sie körperlich angefühlt? Mit welchen Bezugspersonen, in welchen Situationen haben Sie dieses Gefühl besonders deutlich gespürt?

Fühlen Sie sich heute noch manchmal geborgen, und wann?

Wenn Sie möchten, können Sie Ihrem Kind von Ihren Erinnerungen und Ihrem Körpergefühl von Geborgenheit erzählen und es fragen, wann es sich ähnlich fühlt. Gibt es Personen, Momente, Rituale oder Rückzugsorte, die Ihrem Kind besonders viel Geborgenheit vermitteln?

Mit Ihrem Kind gemeinsam können Sie der Frage nachspüren, ob es in Ihrem Familienalltag ausreichend Gelegenheit gibt, sich zu entspannen, geborgen zu fühlen und aufzutanken.

Falls dies zu kurz kommt: Woran könnte das liegen? Gibt es etwas Neues, das Sie gern ausprobieren möchten – wie etwa ein früheres oder einfacheres Abendbrot, um abends mehr Zeit zum Vorlesen und Kuscheln zu haben? Oder gibt es Rituale, die verloren gingen und die Sie gern wiederbeleben möchten – wie zum Beispiel am Wochenende gemeinsam zu backen?

Liebe muss man sich nicht verdienen

Kinder und Jugendliche mit sozialen und Prüfungsängsten fürchten sich nicht in erster Linie vor anderen Menschen oder Prüfungen. Sie haben vor allem Angst davor, Liebe und Anerkennung zu verlieren, wenn sie sich nicht „richtig“ verhalten oder keine gute Leistung erbringen. Ihre Gedanken kreisen darum, was „die anderen denken werden“. Sie haben Angst, dass ihre Lehrperson oder ihre Eltern enttäuscht sein oder sie „als Versager“ sehen werden. Indem wir ihnen durch unsere Handlungen bewusst das Gegenteil beweisen, können wir ihnen diese Ängste am besten nehmen.

Das folgende Flipchart-Plakat stammt aus einem Seminar von Fabian für Eltern, deren Kinder unter Unsicherheiten und Prüfungsängsten leiden. Dabei werden die Eltern jeweils in zwei Gruppen aufgeteilt. Die eine Hälfte schreibt auf ein Plakat, mit welchen Sätzen sie ihr Kind unterstützen, wenn es sich Sorgen über eine anstehende Prüfung macht.

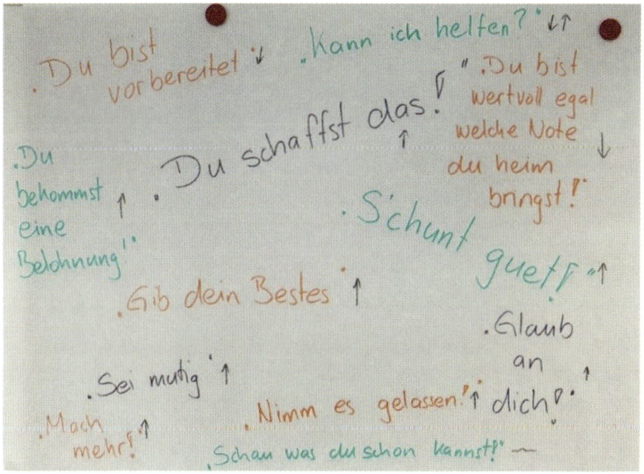

Vielleicht bemerken Sie auf dem Plakat schon die Pfeile nach oben und unten. Sie stammen von der zweiten Gruppe, die aus den Eltern besteht, die selbst manchmal unter Prüfungs- und Vortragsängsten leiden. Die Pfeile nach unten zeigen, dass die Mehrheit dieser Gruppe angibt, dass dieser Satz ihre Ängste reduzieren würde. Pfeile nach oben geben an, dass diese Sätze – obwohl sie als Hilfe gedacht waren – den Druck noch erhöhen.

Inzwischen haben wir diese Übung schon häufiger durchgeführt, wobei sich immer wieder das gleiche Bild ergibt.

Der Stresspegel steigt, wenn uns gesagt wird, wie wir uns zu fühlen haben:

- „Nimm es gelassen!“
- „Glaub an dich!“
- „Sei mutig!“

Er steigt interessanterweise auch, wenn unser Gegenüber sich allzu zuversichtlich zeigt. Zum Beispiel mit Sätzen wie:

- „Du schaffst das!"
- „Nächstes Mal klappt es sicher besser!"
- „Ich weiß, dass du es kannst!"
- „Das klappt schon!" (S'chunt guet)

Viele Eltern sind erst einmal irritiert, wenn sie hören, dass diese Aussagen die Angst schüren. Schließlich würde man doch davon ausgehen, dass Zuversicht uns stärkt.

Kinder, Jugendliche und Erwachsene mit Prüfungsängsten oder sozialen Ängsten sagen jedoch immer wieder, dass bei ihnen sofort ein bestimmter Gedanke auftaucht: „Und wenn nicht?". Eine Jugendliche meinte im Lerncoaching: „Meine Eltern sagen immer, dass ich es ganz sicher schaffe. Ich glaube, die würden es nicht aushalten, wenn es mal nicht so ist." Andere Kinder reagieren auf die Aussage, dass sie „es sicher können" und es „schon gut gehen wird", mit Abwehr und Wut: „Woher willst du das wissen!?".

Was die Kinder wirklich wissen wollen, ist: Was wird geschehen, wenn ich „es nicht schaffe"? Wenn sich meine Befürchtungen bewahrheiten und ich eine schlechte Note schreibe oder mitten im Vortrag den Faden verliere und nicht mehr weiß, was ich sagen soll?

Als Eltern können wir diese Angstgedanken mit unseren Kindern zu Ende denken und dabei entdecken:

- Das wäre unangenehm, aber auch mit dem schlimmstmöglichen Ausgang könnten wir gemeinsam umgehen.
- An unserer Liebe zu dir kann ein Misserfolg nichts ändern.
- Auch wenn alles schiefläuft: Wir stehen zu dir und sind für dich da!
- Wir können uns für einige Schwierigkeiten im Vorfeld Lösungen überlegen (konkrete Beispiele hierzu finden sich im Kapitel „Wir machen vorher einen Plan für unsere Ängste" auf Seite 68).

Fabian erzählt

Motiviert trotz schlechter Note

Als ich aufs Gymnasium kam, war ich der einzige Schüler meiner Klasse, der kein Instrument spielte. Unser Musiklehrer ließ uns nach den ersten Wochen eine Prüfung schreiben, bei der wir uns ein klassisches Musikstück anhören und Fragen zu Rhythmik, Melodie und Instrumenten beantworten mussten. Während alle anderen sich über ihre guten Noten freuten, hatte ich gerade mal 2 von 20 Punkten erreicht. Ich war auf dem Nachhauseweg traurig und wütend – zumal zwei Klassenkameraden blöde Witze über mich gerissen hatten. Aber als ich heimkam, sah ich einen Briefumschlag, der auf dem Wohnzimmertisch bereitlag, adressiert an mich. Ich fand darin einen Brief von meinem Lehrer. Er schrieb mir, dass es ihm sehr leidtäte, mir eine so schlechte Note zu geben. Dass er sich immer freue, wie gut ich im Unterricht mitmache, und er hoffe, dass die Prüfung unsere gute Beziehung nicht trüben werde. Er hatte die nächsten Jahre einen schlechten, aber begeisterten Schüler in der Klasse.

Gerade in der Niederlage können wir ein Kind stärken und es von Ängsten befreien, indem wir es in diesem schwierigen Moment auffangen und ihm vermitteln: „Du bist viel mehr als deine Leistung!“.

Manchmal aber fällt das schwer – besonders, wenn Eltern die eigenen Leistungsängste im Nacken sitzen. In diesem Fall fürchten wir um die Zukunft des Kindes, wenn es keine guten Noten erzielt, und können selbst nicht ruhig bleiben, wenn es sich auf eine Prüfung vorbereitet. Das spüren unsere Kinder, selbst wenn wir es nicht aussprechen. Und es macht sie zusätzlich nervös. Wenn Sie eigene Sorgen plagen, hilft es auch Ihrem Kind, wenn Sie sich diesen zuwenden und sich ihnen stellen – beispielsweise mithilfe des Expressiven Schreibens (s. Seite 126).

Zum Mitgestalten für Eltern: Wie gehen Sie mit Leistungsängsten um?

Fallen Ihnen Situationen ein, in denen Sie als Kind Angst hatten, nicht die geforderte Leistung zu erbringen?

Wie haben Ihre Eltern auf besonders gute oder ungenügende Noten reagiert? Was hat das in Ihnen ausgelöst?

Welche Reaktion hat/hätte Ihnen gutgetan?

Welche Botschaften wurden Ihnen von Eltern, Lehrern und Freunden zum Thema Leistung vermittelt?

Welche Rolle nimmt Leistung in Ihrem heutigen Leben ein? Wer bestimmt, ob und wann Sie gut genug sind? Was für konkrete Befürchtungen löst das Gefühl in Ihnen aus, Leistungsanforderungen nicht zu genügen? Gibt es Menschen, mit denen Sie über diese Befürchtungen sprechen können?

Wie fühlen Sie sich, wenn Ihr Kind mit einer besonders guten oder schlechten Note nach Hause kommt? Was für Gedanken gehen Ihnen durch den Kopf? Was sagen Sie Ihrem Kind typischerweise?

Wie möchten Sie das nächste Mal reagieren, wenn Ihr Kind Leistungsängste zeigt?

Das hilft leider gar nicht

Als Eltern von Kindern mit ausgeprägten Ängsten bekommen wir schnell Ratschläge, wie wir mit ihnen umgehen sollten. Leider gilt für viele von ihnen: „Das Gegenteil von gut ist gut gemeint!“ Dazu kommt: Wenn Ängste unsere Kinder gerade sehr beschäftigen, vielleicht sogar einschränken, können wir uns als Eltern selbst überfordert fühlen. Das feine Gespür für unser Kind, unsere innere Sicherheit und das klare Denken gehen uns dann verloren. Wir werden anfälliger dafür, uns an jeden Strohhalm zu klammern, oder merken, wie wir im Umgang mit unserem verängstigten Kind von einem Extrem ins andere schwanken.

So können wir unseren Kindern kaum helfen. Als Eltern müssen wir uns immer wieder beruhigen, zentrieren und uns klarmachen: Niemand kennt unser Kind so gut wie wir selbst. Und kaum etwas hilft unserem Kind beim Bewältigen seiner Ängste so sehr wie unsere verlässliche Beziehung zu ihm und seine sichere Bindung an uns.

Überprüfen wir einige gängige Ratschläge zur Angst mit diesen Maximen, spüren wir deutlich, welche den Kindern nicht gerecht werden:

- „Je weniger Aufhebens man macht, desto schneller geht die Angst vorbei“: Unser Kind kann sich nicht sicher gebunden fühlen, wenn wir seine tiefsten und eindrücklichsten Gefühle übergehen. Ein Kind, das sich mit akuten Ängsten auseinandersetzt, braucht unser offenes Ohr und sollte ermutigt werden, sich mitzuteilen.
- „Da muss es halt durch“: Unser Kind setzt sich ja bereits mit Ängsten auseinander. Es muss wissen, dass es da nicht alleine durchmuss. Sondern dass wir als Eltern bei ihm sind und es achtsam unterstützen. Nur dann können Ängste gemeinsam bewältigt und die Beziehung gestärkt werden.
- „Einmal ins kalte Wasser werfen, dann ist das Thema erledigt“: Zusätzlich zur äußeren Situation, die ihm bereits Angst macht, erleben Kinder so einen totalen Vertrauensbruch auf der Beziehungsebene. Dergestalt überrannt zu werden, nicht mehr selbst bestimmen zu können, wie es sich seiner Angst in kleinen Schritten nähern will, kann für Kinder ein traumatisches Erlebnis sein.
- „Sagt einfach, das geht schon gut, und lenkt es mit etwas Schönem ab“: Auch für unangenehme Gefühle muss in einer verlässlichen Beziehung Platz sein. Zuversicht bedeutet nicht, die Welt für unser Kind rosarot zu malen. Sondern zu signalisieren: „Ich traue dir zu, auch mit Schwierigkeiten umzugehen. Wir können ihnen gemeinsam ins Gesicht sehen und

ich stehe dir dabei zur Seite: Die Spritze wird etwas wehtun, aber du darfst dich auf meinem Schoß fest an mich kuscheln!“

- „Das haben wir schließlich alle erlebt und es hat uns nicht geschadet“: Jeder Mensch und jede angsteinflößende Situation sind unterschiedlich. Wenn wir unser Kind feinfühlig begleiten wollen, dürfen wir seine Gefühle weder bagatellisieren noch pauschalisieren.
- „Von einem Kind in seinem Alter kann man das doch erwarten“: Ängstliche Kinder (und auch Erwachsene!) spüren sehr genau, dass sie auf manche Situationen heftiger reagieren als andere. Als Eltern sollten wir ihnen dies wertschätzend erklären und unsere Messlatte an das jeweilige Kind anpassen, anstatt es mit Erwartungen und Normvorstellungen unter Druck zu setzen, die es momentan nicht erfüllen kann.
- „Das arme Kind – man kann es ihm doch einfach ersparen“: Unsere Kinder merken, wenn wir ihnen etwas nicht zutrauen oder zumuten. Auch wenn das Kind dann kurzfristig erleichtert wirkt, leiden beim dauernden Schonen und Überbehüten sein Selbstvertrauen und sein Mut. Um diese Gefühle zu stärken, müssen wir uns den Schwierigkeiten gemeinsam stellen.

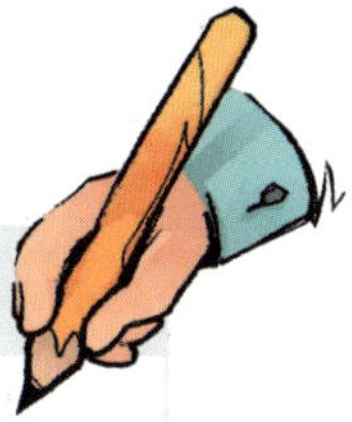

Zum Mitgestalten für Eltern: Welchen Rat wollen Sie bewusst ignorieren?

Welche Ratschläge haben Sie bereits gehört, um mit den Ängsten Ihres Kindes umzugehen?
Wer hat sie vertreten?

Notieren Sie für jeden Ratschlag, ob er

- für Ihr Kind individuell und an die konkrete Situation angepasst war
- die verlässliche Bindung zwischen Ihnen und Ihrem Kind gestärkt hat
- Ihren persönlichen Werten entsprach.

Wenn Sie sich Ratschläge anhören mussten, die Ihnen nicht bindungsorientiert, wertschätzend und hilfreich für Ihr Kind erschienen: Wie möchten Sie diese loswerden? Sie könnten diese auf einem Blatt Papier verbrennen, entsprechende Bücher zum Antiquariat bringen oder sich Sätze zurechtlegen, die Sie den Personen entgegnen, die diese Ratschläge immer wieder vertreten.

Wir überlegen mit unserem Kind, was zu tun ist

Wenn wir uns Sorgen machen, schießen uns oft Fragen durch den Kopf, die mit „Was ist, wenn …?“ beginnen: Was ist, wenn ich …

- den Weg nicht finde?
- im Lift stecken bleibe?
- Heimweh bekommen?
- jemanden enttäusche?
- eine Frage nicht beantworten kann?
- beim Vortrag den Faden verliere?
- nicht mitspielen darf?
- eine schlechte Note schreibe?

Wir können eigene Ängste und die unserer Kinder reduzieren, indem wir diese Gedanken zu Ende denken. Am besten gelingt dies, wenn wir die Fragen unserer Kinder aufschreiben und gemeinsam in einem entspannten Moment nach Antworten suchen. Dazu können wir uns eine Frage aussuchen und uns überlegen:

- Was würde dann passieren?
- Wie wahrscheinlich ist das?
- Wäre das wirklich so schlimm?
- Wer oder was könnte mir helfen?
- Wie könnte ich reagieren?

Viele Kinder hören interessiert zu, wenn sie erfahren, dass Ärzte, Polizei und Feuerwehr gefährliche Situationen immer wieder durchspielen, damit sie im Ernstfall trotz Angst und Stress rasch und richtig handeln. Genau so können auch wir einen Notfallplan mit unseren Kindern erstellen:

Emma geht in die erste Klasse und ist den Schulweg bereits mehrfach mit ihren Eltern gegangen. Nun würde sie gerne alleine zur Schule laufen, so wie ihre Freundinnen das auch tun. Allerdings plagen sie einige Befürchtungen.

Auf die Frage „Was könnte denn alles passieren, wenn du auf dem Schulweg allein bist?“ sprudeln die Sorgen nur so aus ihr heraus:

- Was ist, wenn die anderen nicht auf mich warten?
- Was mache ich, wenn ich mich verlaufe?
- Und was passiert, wenn ich zu spät komme?

Anstatt Emma zu beruhigen und ihr zu versichern, dass sie den Weg ja gut kenne und sich sicher nicht verlaufen würde, geht ihre Mutter auf sie ein. Nach einigem Überlegen steht der Notfallplan:

- Wenn meine Freundinnen nicht an der Ecke stehen, dann laufe ich alleine.
- Wenn ich den Weg nicht mehr weiß, dann gehe ich zurück, bis ich wieder zu Hause bin.
- Wenn ich gar nicht mehr weiß, wo ich bin, dann frage ich jemand Bekanntes oder einen Elternteil mit Kind, wo die Schule ist.

- Wenn mir niemand helfen kann, dann gehe ich in einen Laden, einen Kiosk oder ein Restaurant und frage, ob sie meine Eltern anrufen können. Die Telefonnummer steht auf der Innenseite meines Rucksacks.
- Wenn ich zu spät komme, entschuldige ich mich bei der Lehrerin. Andere kommen ebenfalls manchmal zu spät, das darf mir auch einmal passieren.

Emma übt mit ihrer Mutter, wie sie im Restaurant die Bedienung bitten würde, ihre Mutter anzurufen. Sie fühlt sich bereits etwas sicherer und meint sogar, nachdem sie ihren Notfallplan gestaltet hat: „Eigentlich brauche ich den Plan gar nicht – ich weiß den Weg ja!"

Damit das Kind den Notfallplan verinnerlichen kann, können Sie die schwierige Situation auf die Vorderseite einer Karteikarte schreiben. Auf der Rückseite hält das Kind fest, was es in dieser Situation tun will. So kann das Kind seinen Plan wie mit einer Vokabelkarte lernen.

Besonders hilfreich ist es, wenn die Karte in Form eines Wenn-dann-Plans formuliert wird, wie im folgenden Beispiel:

Berivan ist ein zwölfjähriges Mädchen, dessen Familie im neunten Stock eines Hochhauses wohnt. Sie hatte einmal erlebt, dass sich für einige Minuten die Lifttüren nicht öffneten, und hat seitdem große Angst, im Lift stecken zu bleiben. Sie formulierte den folgenden Plan:

Vorderseite:

Wenn ich im Lift stecken bleibe ....

Rückseite:

...dann drücke ich auf den Alarmknopf und rufe meine Eltern per Handy an. Danach setze ich mich hin und höre auf dem Handy Musik oder rede mit meinen Eltern, bis jemand kommt.

Weitere Beispiele:

- Wenn mir bei einer Prüfung plötzlich nichts mehr einfällt – dann drehe ich das Prüfungsblatt um und atme ein paarmal tief durch.
- Wenn ich beim Vortrag eine Frage nicht beantworten kann – dann sage ich: „Das weiß ich nicht, aber ich schaue es bis morgen nach und sage es euch dann."
- Wenn ich rot werde – dann sage ich mir: „Viele werden rot, wenn sie ein wenig nervös sind. Das gehört dazu."

Sie können die Situation auch im Rollenspiel gemeinsam mit Ihrem Kind zu Hause durchspielen. So erlebt Ihr Kind, dass man mögliche Probleme vorwegnehmen, konkrete Lösungen für den Ernstfall finden und sie in einer sicheren Umgebung im Gedächtnis verankern kann.

Diese Methode lässt sich zudem wunderbar mit dem Weg der kleinen Schritte kombinieren, den wir im nächsten Kapitel beschreiben. So könnte Emma zuerst nur den letzten Teil des Schulweges alleine gehen. Die Eltern sagen ihr jeden Tag ein wenig früher „Tschüss" und lassen sie ein immer größeres Stück des Weges alleine gehen, bis sie sich sicher genug fühlt, um sich bereits zu Hause zu verabschieden.

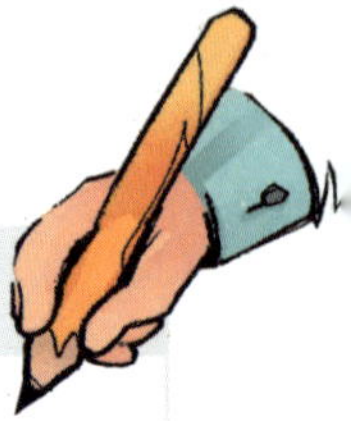

Zum Mitgestalten für Eltern: Wie wollen Sie mit Ihren Ängsten umgehen?

Fürchten Sie sich vor bestimmten Situationen und fragen sich: „„Was wäre, wenn ...?"
Dann könnten Sie überlegen, was Ihr Wenn-dann-Plan wäre.

____

____

Vielleicht sind darunter einige Sorgen, die Sie altersgerecht mit Ihrem Kind teilen mögen? Zum Beispiel, den Haustürschlüssel zu vergessen und sich auszuschließen, oder bei der Rede zu Omas Geburtstag stecken zu bleiben ... Dann könnten Sie laut nachdenken, was Sie tun könnten, wenn die Situation eintritt. Vielleicht hat Ihr Kind sogar Lust, gemeinsam mit Ihnen zu überlegen?

____

____

____

Schließlich könnten Sie den Plan auf einer Karteikarte aufschreiben:

- Vorne „Wenn mir ... passiert ..."
- Hinten „... dann mache ich ..."

____

____

Wenn Sie Gelegenheit hatten, eine Karte einzusetzen, könnten Sie mit Ihrem Kind über die Erfahrung sprechen. Hat der Wenn-dann-Plan funktioniert? Und wie fühlt sich Ihre Angst danach an?

____

____

____

Der Angst in kleinen Schritten begegnen

Ängste werden kleiner, wenn man sich ihnen schrittweise stellt und dabei gute Erfahrungen macht. Wichtig ist, dass wir Eltern uns bewusst machen: Was für uns vielleicht wie ein winziger Schritt auf die Angst zu aussieht, kann unserem Kind bereits viel Mut abverlangen! Es ist wichtig, dass wir unser Kind bei diesen Schritten liebevoll begleiten und ihm Halt und Sicherheit bieten.

Das im Folgenden beschriebene Verfahren wurde in seinen Grundzügen bereits 1924 von der Psychologin Mary Cover Jones entwickelt (Jones, 1924). Sie behandelte damit die Kaninchenphobie des knapp dreijährigen Peter. Mary Cover Jones nutzte dabei drei Prinzipien, die noch immer für die Behandlung von Ängsten genutzt werden und sich inzwischen in unzähligen Studien als hilfreich erwiesen haben: die schrittweise Annäherung, die Rekonditionierung und Modelllernen.

1. Helfen Sie Ihrem Kind, schrittweise auf die Angst zuzugehen (Sukzessive Approximation)

Da das Kaninchen große Angst auslöste, ließ Mary Cover Jones es zunächst in einem Käfig und stellte diesen in die andere Ecke des Raumes. Peter konnte das Tier in Ruhe betrachten und sich an den Anblick gewöhnen. Erst, als er keine Angst mehr zu haben schien, stellte die Therapeutin den Käfig immer näher an Peter heran und ließ schließlich das Kaninchen frei. Am Ende war es so weit: Peter saß entspannt am Boden und streichelte das Tier.

Wenn Kinder sich mit einer angstauslösenden Situation auseinandersetzen, finden verschiedene Prozesse auf körperlicher Ebene statt. Mit der Zeit gewöhnen sie sich an den Anblick des Objektes oder an die Situation. Der Körper entspannt sich und das Kind lernt:

- Ich kann diese Angst aushalten und ihr mit Mut begegnen.
- Wenn ich länger in dieser Situation bleibe, nimmt meine Angst ab.

Wenn ein Kind Angst hat, können wir uns fragen: Was wäre der kleinstmögliche Schritt, zu dem sich das Kind überwinden kann? Wozu reicht sein Mut momentan aus?

Bei Tieren, die Ängste auslösen, kann die Distanz, die Vertrautheit oder die Größe variiert werden. Es löst weniger Angst aus, einen kleinen Welpen, der einem bereits ein wenig vertraut ist, zu streicheln, als einen ausgewachsenen, fremden Hund. Der ausgewachsene Hund wiederum ist weniger bedrohlich, wenn er angeleint aus sicherer Entfernung beobachtet werden kann.

Hat ein Kind Angst davor, in der Nacht alleine aufs WC zu gehen, könnte sich das Kind seiner Angst mit den folgenden, kleinen Schritten stellen:

1. Ein Elternteil kommt mit ins Badezimmer.
2. Ein Elternteil wartet im Flur.
3. Ein Elternteil wartet im Türrahmen zum Elternschlafzimmer.
4. Die Eltern rufen lediglich aus dem Zimmer „Wir hören dich", damit das Kind weiß, dass sie wach sind und zur Stelle wären, wenn etwas ist.
5. Das Kind geht alleine auf die Toilette, ohne die Eltern zu wecken.

Haben Kinder und Jugendliche Angst vor Vorträgen, greifen sie oft auf eine sehr ungünstige Strategie zurück: Sie schreiben sich wortwörtlich auf, was sie sagen wollen, und lernen diesen Text auswendig wie ein Gedicht. Dazu wird nicht nur viel Zeit benötigt, es schürt auch die Angst vor Fehlern. Wie Schauspieler im Theater fühlen sich die Schüler an diesen Text gebunden und bemerken in der Folge jede kleine Abweichung vom „Skript". Sie werden durch Gedanken abgelenkt wie: „Mist, jetzt habe ich es falsch gesagt!" oder „Oh nein! Ich habe einen Satz ausgelassen!"

Stattdessen sollten Kinder und Jugendliche realisieren: „Vortragen bedeutet lediglich, dass ich anderen etwas über ein Thema erzähle. Dabei können Stichwortkarten eine Hilfe sein, aber ich benötige kein Skript."

Als Elternteil können Sie Ihrem Kind helfen, die Angst mit den folgenden Schritten zu bewältigen:

1. Setz dich bequem hin und erzähle mir umgangssprachlich, was du zu diesem Thema weißt.
2. Jetzt kannst du mal aufstehen und mir dasselbe im Stehen erzählen.
3. Nun kannst du deine Notizen/Folien nutzen und mir so vortragen, wie du in der Schule sprichst.

Achten Sie darauf, dass Sie nicht zu viele Tipps geben, sondern Ihrem Kind interessiert zuhören und es möglichst entspannt üben lassen. Tipps wie „Halte mehr Augenkontakt" oder „Achte darauf, dass du lauter sprichst" führen dazu, dass dem Kind noch mehr ablenkende Gedanken im Kopf herumschwirren. Oft sprechen die Kinder automatisch deutlicher und lauter und halten mehr Blickkontakt, wenn sie die Angst vor dem Vortragen verlieren.

2. Sorgen Sie für angenehme Gefühle (Rekonditionierung)

Mary Cover Jones ließ Peter nicht nur das Kaninchen betrachten, sie gab ihm gleichzeitig Süßigkeiten. Die dadurch erlebten positiven Gefühle sollten sich – so die Theorie – mit der bisher angstauslösenden Situation verbinden und dadurch die Angst abschwächen.

Auch ohne die Zähne zu strapazieren, können wir Eltern mit kreativen Mitteln für positive Gefühle sorgen: Wir können dem Kind bei einer ärztlichen Untersuchung mit unserer warmen Hand die Schulter massieren, ihm seinen kuscheligen Lieblingspulli für Vorträge und Prüfungen herauslegen. Oft haben unsere Kinder selber sehr gute und konkrete Ideen, was ihnen angstauslösende Situationen verschönern würde.

FABIAN ERZÄHLT

Einfühlsame Ärzte berücksichtigen auch die Gefühle der Kinder

Der Kinderarzt unseres Sohnes legte ihn nur in Windeln auf den kalten Untersuchungstisch, hielt ihn fest und gab ihm eine Spritze in den Arm, während das Kind jämmerlich schrie. Uns Eltern signalisierte er, indem er sich vor uns stellte, dass er dabei nicht gestört werden wollte.

Das wars für uns: Nach diesem Erlebnis suchten wir uns jemand anderen und fanden eine herzliche, einfühlsame Kinderärztin. Sie ging ganz anders vor, sprach mit den Kindern, nahm sich etwas Zeit und ermutigte uns, den Kindern die Situation angenehmer zu machen: Wir durften die Kinder auf den Schoß nehmen, sie streicheln und ihnen etwas vorlesen, während sie ihnen die Spritze gab. Die Kinder merkten es erst, als die Impfung schon vorbei war.

Ich selbst hatte als Kind furchtbare Angst vor der Zahnärztin. Sie war grob, redete über meinen Kopf hinweg mit der Praxisassistentin und wandte sich nur an mich, um mir zu sagen, ich solle gefälligst den Mund weiter aufmachen.

Der Zahnarzt unserer Kinder weckt hingegen Neugier und Interesse für die Untersuchung: Als mein Sohn das erste Mal ein Loch behandeln lassen musste, zeigte er ihm die Instrumente und erklärte ihm genau, was passieren wird: „Weil der Bohrer nah an deinem Ohr ist, klingt es ziemlich laut. Es ist aber kein richtiger Bohrer. Schau mal, ich zeige es dir auf dem Fingernagel. Siehst du, wenn ich ihn dranhalte, dann wird ein wenig weggeraspelt. Wollen wir das jetzt bei deinem Zahn machen?“

Mein Sohn fand es spannend und verfolgte interessiert jeden Schritt. Der Zahnarzt hat ihm einerseits Ängste bereits im Vorfeld genommen, indem er ihm erläutert hat, was auf ihn zukommt. Auf der anderen Seite weckten die Schilderungen Neugier und Interesse – und wenn wir neugierig sind, empfinden wir weniger Angst.

Oft empfinden wir Stolz und Freude, wenn wir unseren Mut zusammennehmen und uns einer schwierigen Situation stellen. Im Schwimmbad kann man dies wunderbar beobachten, wenn Kinder sich gegenseitig anfeuern, vom Sprungbrett zu springen. Beim Auftauchen winken die Kinder ihren Freunden zu und freuen sich über deren „Daumen-hoch"-Geste und die anerkennenden Bemerkungen: „Cool!"

Als Eltern können Sie sich gemeinsam mit dem Kind freuen, dass es wieder einen Schritt geschafft und einen Teil seiner Angst überwunden hat. Dabei ist es hilfreich, wenn Sie seinen Mut hervorheben und nicht seine Leistung – ihm also gratulieren, dass es sich getraut hat, ihnen vorzutragen, anstatt ihm zu sagen, dass es dies „gut gemacht" hat. Vielleicht mögen Sie nach einem wichtigen Schritt sogar eine kleine Feier auf die Beine stellen, bei der das Kind nochmals erzählen kann, wie es das geschafft hat.

3. Lassen Sie das Kind von anderen lernen (Lernen am Modell)

Mary Cover Jones nutzte noch einen weiteren Ansatz, um Peter seine Ängste zu nehmen: das Lernen am Modell.

Sozial lebende Tiere und Menschen haben die erstaunliche Fähigkeit, Ängste sehr rasch von ihren Artgenossen zu übernehmen. Sehen Erdmännchen, Affen oder Menschen, wie andere Gruppenmitglieder beim Anblick einer Schlange oder Spinne erschrecken, schreien oder weglaufen und damit deutliche Anzeichen von Angst zeigen, übernehmen sie diese Reaktion. Das ist ausgesprochen nützlich, da sonst jedes Tier selbst gebissen werden müsste, um Ängste zu entwickeln. Manchmal werden leider durch denselben Mechanismus auch Ängste gelernt, die im Alltag hinderlich sind und uns einschränken.

Modelllernprozesse lassen sich aber auch nutzen, um Ängste zu verlernen: Mary Cover Jones brachte neben Peter auch andere Kinder in den Raum, die mit dem Kaninchen spielten.

Erhalten Kinder die Gelegenheit, andere Kinder zu beobachten, können sie:

- eigene Vorstellungen überprüfen: Sie sehen beispielsweise, dass der Hund das andere Kind nicht beißt, sondern freudig mit dem Schwanz wedelt, oder dass das Kaninchen sich ruhig und neugierig verhält.
- dabei zuschauen, „wie man es macht", und so beispielsweise Sicherheit darin gewinnen, wie man andere Kinder zum Spielen auffordert oder ein Kaninchen hochnimmt.
- sehen, dass man in einer Situation, die einen ängstigt, auch ganz andere Gefühle empfinden kann – so merkte Peter, wie andere Kinder es genossen und sich freuten, wenn sie das Kaninchen streicheln durften.

Kinder profitieren dabei vor allem von Menschen, die sich selbst überwinden müssen. Der Zoowärter, der die Schlange hält, ist kein gutes Modell, da wir davon ausgehen, dass er „ein Profi" ist. Das erste Kind, das sich zunächst angstvoll nähert, sich sichtbar überwindet und dann überrascht sagt: „Die fühlt sich ganz glatt an und gar nicht glitschig" lädt viel stärker zur Nachahmung ein.

Geben Sie Ihrem Kind Sicherheit und Halt

Angst empfinden wir, wenn wir glauben, einer Situation nicht gewachsen zu sein. Indem sich Kinder ihren Ängsten stellen und dabei gute Erfahrungen machen, nimmt ihr Kompetenzgefühl zu:

- „Ich weiß, wie man mit Hunden umgeht, und kann ihr Verhalten einschätzen."

- „Ich kann vom Sprungbrett springen, mich so drehen, dass ich beim Kopfsprung nicht auf dem Bauch lande, und fühle mich im Wasser sicher."
- „Wenn ich Stichwortkarten habe, kann ich frei über ein Thema sprechen."

Bevor es so weit ist, benötigen Kinder Halt und Sicherheit durch andere: Eltern, die ihnen signalisieren, dass sie Schutz bieten. Lehrpersonen, die ein gutes Klassenklima schaffen und damit sicherstellen, dass niemand ausgelacht oder bloßgestellt wird und sich die Schülerinnen und Schüler untereinander ermutigen. Freunde und Geschwister, die vorausgehen, vorzeigen, wie man sich in einer angstauslösenden Situation verhält, und das Kind anregen, es ihnen gleichzutun.

FABIAN ERZÄHLT

Vom großen Bruder abschauen

Als wir in den Sommerferien mit unseren Kindern in einem Biergarten haltmachten, streunte ein Hund einige Tische weiter frei herum. Meine fünfjährige Tochter kam sofort angerannt, als sie den Hund sah, und presste sich ängstlich an mich. Der siebenjährige Sohn ging langsam auf den Hund zu, ließ ihn an seiner Hand schnuppern, streichelte ihn und kam zurück: „Es ist ein ganz Lieber."

Als er wieder zurück zum Hund lief, folgte ihm unsere Tochter mit zaghaften Schritten. Ihr Bruder wartete auf sie und nahm sie an der Hand. Als sie etwas näher kamen, blieb er stehen. Meine Tochter versteckte sich hinter ihm und beobachtete den Hund. „Komm, wir gehen ein bisschen näher!" – in kleinen Schritten gingen sie auf ihn zu. Immer, wenn der Hund sich bewegte, verschwand die Kleine wieder Schutz suchend hinter ihrem Bruder.

Schließlich waren sie so nah, dass mein Sohn ihn wieder streicheln konnte. Gleichzeitig erklärte er ihr nochmals, wie man mit Hunden umgeht: „Wenn er so wedelt, dann freut er sich. Man muss sie zuerst an der Hand riechen lassen, bevor man sie streichelt ..." Die Tochter stand daneben, interessiert, die Hand in seiner, und schaute und hörte zu. Selbst wollte sie ihn noch nicht streicheln, kam aber zurück und verkündete: „Es ist wirklich ganz ein Lieber!"

Schon oft konnte ich beobachten, dass viele Kinder ganz intuitiv alles richtig machen, wenn sie anderen Kindern dabei helfen, ihre Angst zu überwinden: Sie gewähren Schutz, ermutigen zu kleinen Schritten, erklären, wie man in einer neuen Situation am besten vorgeht, freuen sich mit dem anderen Kind, wenn es sich überwindet, und bieten sich als Modell an.

Zum Mitgestalten für Eltern: Gibt es eine Angst, der Sie sich gemeinsam in kleinen Schritten nähern mögen?

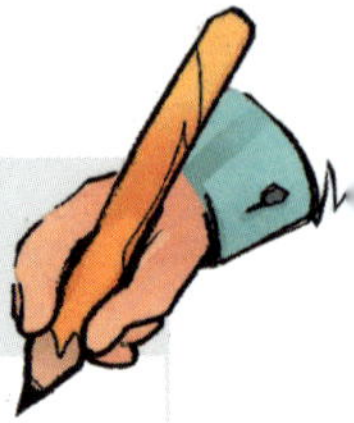

Einige Ängste teilen sich Familienmitglieder so sehr, dass sie fast vererbt erscheinen. Gibt es auch bei Ihnen Situationen (wie zum Beispiel Angst vor Spinnen, vor dem Dunkeln, vor Vorträgen), in denen Sie und Ihr Kind ängstlich reagieren? Oder gibt es etwas, vor dem Sie sich fürchten, Ihr Kind aber nicht?

Vielleicht mögen Sie gemeinsam eine Angst aussuchen, bei der Sie sich gut zutrauen, sich ihr mit Ihrem Kind in kleinen Schritten zu nähern. Wie genau könnten diese Schritte aussehen?

Was war es für eine Erfahrung, sich schrittweise der Angst zu nähern? Konnten Sie sich mit Ihrem Kind darüber austauschen?

Ist Ihre Angst kleiner geworden oder fühlt sie sich anders an? Vielleicht möchten Sie dies mit Ihrem Kind gemeinsam festhalten oder sogar feiern?

Das Wichtigste in Kürze

Sie können Ihrem Kind dabei helfen, seine Ängste zu überwinden, indem Sie sich überlegen:

- In welche kleinen Schritte ließe sich die Annäherung unterteilen?
- Zu welchem ersten Schritt ist das Kind momentan bereit?
- Wie könnten wir in dieser Situation für angenehme Gefühle sorgen? Fühlt sich das Kind sicherer, wenn wir es zunächst begleiten? Können wir uns mit ihm über seine Fortschritte freuen – seinen Mut vielleicht sogar feiern, wenn wieder ein Schritt geschafft wurde?
- Gibt es die Möglichkeit, Modelllernen einzusetzen, damit das Kind zunächst zuschauen darf?

Achten Sie darauf, dass Sie Ihr Kind nicht unter Druck setzen! Sich der eigenen Angst zu stellen, ist nur dann hilfreich, wenn das Kind dabei gute Erfahrungen machen kann. Bei ausgeprägten Ängsten sollte dieses Verfahren mit therapeutischer Begleitung durchgeführt werden.

Die Angst darf man auch auf die Schippe nehmen

Wenn man seine Ängste gut kennt, merkt man mit der Zeit, welchen man genauer nachspüren sollte und über welche man auch schmunzeln darf.

In der Akzeptanz-und Commitment-Therapie lernt man beispielsweise, die eigenen Ängste anzunehmen, aber nicht zu sehr mit seinen Sorgen zu verschmelzen. Dabei wird geübt, den eigenen Gedankenstrom zu beobachten. Taucht ein typischer Angstgedanke auf wie „Wenn ich durch die Prüfung falle, bin ich ein Versager“, wird bewusst Abstand geschaffen, indem man ihn wiederholt und verfremdet (vgl. Harris, 2019).

Man kann seine Gedanken in einer witzigen Melodie singen, zum Beispiel fröhlich ausgelassen zum Lied „Happy Birthday“. Eine Dreizehnjährige sang zur Melodie von „Das Wandern ist des Müllers Lust“: „Wenn ich durch meine Prüfung fall‘, wenn ich durch meine Prüfung fall‘, versa-hag ich. Da-hann bin ich ein Versahager, dann bin ich ein Versahager – ein VER-SA-HA-GER!“. Danach musste sie selbst lachen und meinte: „So ein Schwachsinn!“

Man kann eigene Gedanken auch fünfzig Mal hintereinander aufsagen oder mit der Stimme einer Trickfilmfigur verfremden. Immer wiederkehrende Ängste können mit einem lustigen Filmtitel versehen werden. Vielleicht sagen wir uns dann: „Ah, jetzt ist schon wieder der ‘Kein Schwein mag mich!‘ -Film in meinem Programm ... Ich schalte lieber um und rufe eine Freundin an!“

Wenn wir dabei lachen, assoziieren wir den Angstgedanken mit neuen Gefühlen. Vielleicht muss man sogar grinsen, wenn er einem das nächste Mal durch den Kopf schießt.

Wichtig ist, dass das Kind selbst entdecken darf, über welche Ängste es schmunzeln oder sogar lachen kann und über welche nicht. Wenn wir Eltern unsere eigenen Ängste auf die Schippe nehmen, uns selbst mit einem warmherzigen Humor begegnen und kommentieren, können Kinder sich dies abschauen. Sie sollten allerdings nicht das Gefühl bekommen, dass wir uns über ihre Gefühle lustig machen!

ULRIKE ERZÄHLT

Über ein Wackelpudding-Gefühl kann man gut lachen!

Mein Vater ist ein begeisterter und erfahrener Bergsteiger – der allerdings beim Blick nach unten in exponierten Lagen echte Höhenangst bekommt. Wenn wir früher bei Familienwanderungen an steile Stellen kamen, hat er sich selber immer auf die Schippe genommen und lachend gesagt: „Uah, da krieg ich sie jetzt wieder, meine Schlotter-Zitter-Kniee – brrrrrr!“ Auch wir Kinder durften mit ihm herumwitzeln, ihn auffordern: „Nun komm schon, Papa, guck mal da runter!“ und dann mit ihm zusammen über sein „ekliges Wackelpudding-Gefühl“ lachen. Es hat uns sehr beeindruckt, dass er damit so offen umging und sich nie davon abhalten ließ, trotzdem die schönsten Bergtouren mit uns zu machen...

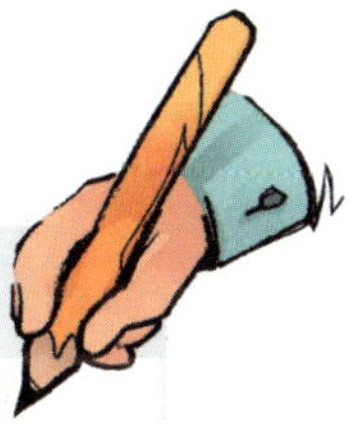

Zum Mitgestalten für Eltern: Über welche Angst möchten Sie schmunzeln?

Haben Sie eine bestimmte Angst, über die Sie selbst und andere liebevoll lachen können? Vielleicht möchten Sie dieser Angst einen lustigen Namen geben oder das Gefühl auf humorvolle Weise beschreiben?

____

____

____

____

____

____

____

____

____

Wir verabschieden uns

Liebe Eltern,
Sie haben sich nun intensiv mit dem Thema „Angst“ beschäftigt. Vielleicht ist dieses Buch über die Kinderängste dabei ein ganzes Stück weiter gegangen, als Sie dies erwartet hätten?

Als Eltern und Autoren waren wir selbst überrascht, wie schnell wir von den Ängsten unserer Kinder zu viel umfassenderen Fragen kamen: Wie steht es um unsere eigenen Ängste? Mit welchen Botschaften über die Angst und ihre Bewältigung sind wir aufgewachsen? Wie gut können wir uns selbst annehmen, wenn wir eine Angstwelle „ausreiten“ müssen? Was lösen die Ängste unserer Kinder in uns aus? Unsere Antworten darauf bedingen im hohen Maße, wie einfühlsam und wertungsfrei wir unsere Kinder beim Bewältigen ihrer Ängste unterstützen können.

Ein wichtiger Faktor taucht dabei immer wieder auf: die sichere Bindung. Wenn wir selbst in sicheren Bindungen aufgewachsen sind, haben wir als Erwachsene gute Chancen, mit unseren Ängsten offen und konstruktiv umzugehen. Auch unsere Kinder können dies lernen, wenn es uns als Eltern genügend gut gelingt, ihnen eine sichere Bindung zu ermöglichen und diese jeden Tag wieder verlässlich zu gestalten. Wenn wir unsere Kinder annehmen können, so wie sie sind, und wenn wir feinfühlig auf ihre Bedürfnisse eingehen. Niemand schafft dies jemals perfekt; sich als Eltern um ein „gut genug“ zu bemühen, genügt!

Natürlich ist es sehr wichtig, dass wir unseren Kindern im Hier und Jetzt, beim Umgang mit ihren akuten und ganz individuellen Ängsten, helfen können. Wir hoffen, dieses Buch hat Ihnen dabei praktische und umsetzbare Tipps gegeben. Wir freuen uns auf Ihre Rückmeldungen und Nachfragen.

Wir haben jedoch den Bogen bewusst weiter geschlagen, denn Ängste werden uns ein Leben lang begleiten. Für jedes Angstproblem, das wir mit unserem Kind gemeinsam gelöst haben, taucht meist schon ein weiteres am Horizont auf. Daher finden wir es so wichtig, über die praktische Problemlösung hinaus zu einer konstruktiven inneren Haltung zu finden, mit der wir der Angst immer wieder begegnen können.

Wir können unseren Kindern Ängste nicht ersparen. Es gibt für die Angst keinen „Quick Fix“, keine schnelle Patentlösung. Wir können unseren Kindern nicht beibringen, wie sie es schaffen, Angst ganz zu verhindern oder rasch auszuschalten. Im Gegenteil: Je mehr in einer Familie versucht wird, Ängsten auszuweichen, man sie verdrängt oder sich in die Idee verbeißt: „Jetzt müssten wir es doch schaffen, das

Angstproblem ein für alle Mal zu lösen!", umso größer werden die Angstmonster.

So unangenehm sich Ängste anfühlen, bergen sie für Kinder und Eltern auch Chancen: Jedes Mal, wenn sich unsere Kinder mit ihnen auseinandersetzen, können wir ihnen Halt und Geborgenheit schenken. Wir können unseren Kindern offen sagen, dass wir genau wissen, wie bedrohlich, beschämend und lähmend sich Ängste anfühlen können. Wir können zeigen, dass wir bereit sind, ihren Ängsten ins Gesicht zu blicken, und es aushalten, ihre Befürchtungen zu Ende zu denken. Daran wachsen wir gemeinsam.

Wir wünschen Ihnen und Ihren Kindern die Erfahrung, dass sich auch große Angstmonster mit Geduld und in kleinen Schritten immer wieder zu einer kleinen, hilfsbereiten Angst zähmen lassen. Wir hoffen, Sie können sich manchen Ängsten mit mehr Leichtigkeit nähern, vielleicht sogar lernen, über einige Angstwirbel im Kopf zu schmunzeln. Vor allem wünschen wir Ihnen die Zuversicht, dass Sie es gemeinsam immer wieder schaffen werden, mit Ängsten in der Familie gut umzugehen.

Wenn Sie uns Feedback zu diesem Buch geben möchten, freuen wir uns sehr darüber! Und wenn Ihr Kind Bilder gestaltet, Texte oder einen Brief an seine Angst geschrieben hat, die Sie mit uns teilen mögen, sind wir ebenfalls gespannt darauf.

Herzlich
Ulrike und Fabian

Kopiervorlagen

Übernachtungsplan

Mein Plan zum Übernachten bei ...
Vorher übe ich ...
Einpacken werde ich ...
Falls dies passiert, dann werde ich ...

Wenn-dann-Plan

Wenn das passiert …	**dann mache ich …/dann sage ich zu mir…**

Kleine-Schritte-Plan

Ich habe große Angst vor:	
Mein erster Schritt:	
Mein zweiter Schritt:	
Mein dritter Schritt:	
Mein vierter Schritt:	
Mein fünfter Schritt:	
Mein sechster Schritt:	
Mein siebter Schritt:	

Literatur

Boyce, W.T. (2019). *The orchid and the dandelion: Why sensitive people struggle and how all can thrive.* Hampshire: Pan MacMillan.

Brisch, K.H. (2016). *Grundschulalter: Karl Heinz Brisch Bindungspsychotherapie-Bindungsbasierte Beratung und Therapie* (Vol. 4). Stuttgart: Klett-Cotta.

Brummelman, E., Thomaes, S., Walton, G.M., Poorthuis, A.M., Overbeek, G., de Castro, B.O. & Bushman, B.J. (2014). Unconditional regard buffers children's negative self-feelings. *Pediatrics, 134*(6), 1119–1126.

Cain, S. (2013). *Still: die Kraft der Introvertierten.* München: Goldmann.

Fosha, D. (2000). *The transforming power of affect: A model for accelerated change.* New York: Basic Books.

Fosha, D.E., Siegel, D.J., & Solomon, M.F. (2009). *The healing power of emotion: Affective neuroscience, development & clinical practice.* New York: WW Norton & Company.

Gallagher, W. (September, 1994). How We Become What We Are. *Atlantic Monthly.* Online abrufbar unter https://www.theatlantic.com/magazine/archive/1994/09/how-we-become-what-we-are/303534/

Harris, R. (2019). *ACT made simple: An easy-to-read primer on acceptance and commitment therapy.* Oakland: New Harbinger Publications.

In-Albon, T. & Schneider, S. (2007). Psychotherapy of childhood anxiety disorders: A meta-analysis. *Psychotherapy and psychosomatics, 76*(1), 15–24.

Jenni, O., Fuhrer, H., Iglowstein I., Molinari L. & Largo R. (2005). A longitudinal study of bed sharing and sleep problems among Swiss children in the first 10 years of life. *Pediatrics, 115*, 233–240.

Jones, M.C. (1924). The elimination of children's fears. *Journal of Experimental Psychology, 7*, 382–390.

Kagan, J. & Snidman, N. (2009). *The long shadow of temperament.* Cambridge: Harvard University Press.

Keifer Jr, O.P., Hurt, R.C., Ressler, K.J. & Marvar, P.J. (2015). The physiology of fear: reconceptualizing the role of the central amygdala in fear learning. *Physiology, 30*(5), 389–401.

Miller, P.M. & Commons, M.L. (2010). The benefits of attachment parenting for infants and children: A behavioral developmental view. *Behavioral Development Bulletin, 16*(1), 1.

Pennebaker, J.W. & Smyth, J.M. (2016). *Opening up by writing it down: How expressive writing improves health and eases emotional pain.* New York: Guilford Publications.

Pittman, C.M. & Karle, E.M. (2020). *Angst und Panik erfolgreich überwinden: Wie Ängste im Gehirn entstehen und wie man sie besiegt.* Köln: Anaconda Verlag.

Raichle, M.E. & Snyder, A.Z. (2007). A default mode of brain function: a brief history of an evolving idea. *Neuroimage, 37*(4), 1083–1090.

Ravens-Sieberer, U., Wille, N., Bettge, S. & Erhart, M. (2007). Psychische Gesundheit von Kindern und Jugendlichen in Deutschland. *Bundesgesundheitsblatt-Gesundheitsforschung-Gesundheitsschutz, 50*(5–6), 871–878.

Renz-Polster, H. (2019). *Born to be wild: Wie die Evolution unsere Kinder prägt.* München: Kösel Verlag.

Die Autorin, der Autor und der Illustrator

Warum ist die Welt, warum sind wir, wie wir sind? Spannenden Fragen hinterher zu forschen und darüber zu schreiben, hat Ulrike Légé, geboren 1971, schon als Schülerin geliebt. Um ihre Freude daran zum Beruf zu machen, hat sie an der Universität Hamburg ihr Studium der Biologie und Kommunikationswissenschaft abgeschlossen und mit einem MBA am INSEAD ergänzt. Ulrike arbeitete im Bereich Journalismus, Public Relations, Unternehmensberatung und Marketing. Seit 2014 ist sie freie Autorin und hat sich spezialisiert auf Familienthemen für Printmedien und Blogs. Mit ihrer Familie und dem Hund Sunny lebt sie in der Nähe von Basel, wo ihr dank ihrer drei Kinder die spannenden Fragen nicht ausgehen.

Fabian Grolimund, geboren 1978, ist Psychologe und leitet gemeinsam mit Stefanie Rietzler die Akademie für Lerncoaching in Zürich. Besonders gern setzt er seine Kreativität und Fantasie ein, um etwas Neues entstehen zu lassen: eine spannende Geschichte, einen hilfreichen und praktischen Ratgeber, ein interessantes Seminar oder Kurzfilme für Eltern, Lehrkräfte, Kinder und Jugendliche. Dazu sitzt er am liebsten in einem gemütlichen Café. Mit seiner Frau Maya und seinen zwei Kindern wohnt er in Fribourg. Mehr zu seiner Arbeit: www.mit-kindern-lernen.ch.

René Amthor, geboren 1988, studierte an der Mediadesign Hochschule in Düsseldorf. Ende 2015 gründete er mit seiner Frau das Kreativbüro „Studio Vieleck“. Als er selber Vater wurde, stieg seine Freude daran, für Kinder zu zeichnen. Er illustriert Kinder- und Familienspiele, Malbücher, Computerspiele, Fach- und Bilderbücher. Mit seiner Familie lebt er in Hilden.